绿原译文集

第三卷

致后代

〔德〕保罗·策兰 等／著　绿原／译

LÜ YUAN
SAMMLUNG
VON
ÜBERSETZUNGEN

人民文学出版社

目　次

反法西斯诗篇

保罗·策兰 ·· 3
　　示播列 ·· 3
　　死亡赋格曲 ·· 5
埃里希·弗里德 ·· 7
　　我父亲的葬仪 ·· 7
　　悲叹 ·· 8
　　致统治者 ·· 8
　　最后的旅行 ·· 8
赫尔曼·哈克尔 ··· 10
　　犹太孩子,1945 ·· 10
　　洪水 ··· 11
埃尔斯·拉斯克－许勒 ······································· 13
　　越过闪烁的砂砾 ··· 13
　　我躺在路边 ··· 14
内利·萨克斯 ··· 15
　　哦烟囱 ··· 15
　　哦哭泣的孩子们的夜晚 ····································· 16
　　何等隐秘的血愿 ··· 17

1

弗朗茨·韦费尔 ································· 19
　　历代最伟大的德国人 ······················ 19
　　逃亡者的梦城 ······························ 20
贝托尔特·布莱希特 ····························· 22
　　致后代 ·· 22
尼古拉·扬可夫·瓦普察洛夫 ················ 26
　　信念 ·· 26
　　工厂 ·· 29
　　回忆 ·· 32
　　西班牙 ·· 35
　　给母亲的信 ································· 38
　　我们将建造 ································· 42
　　无题 ·· 44

哲理诗

瓦尔特·萨维奇·兰多 ························· 47
　　行年七十五 ································· 47
艾尔弗雷德·丁尼生 ····························· 48
　　裂缝墙上一朵花 ··························· 48
　　橡树 ·· 48
夏洛蒂·勃朗特 ··································· 50
　　生活 ·· 50
托玛斯·哈代 ······································ 51
　　两个都在等 ································· 51
威廉·沃森 ··· 52
　　无题 ·· 52
劳伦斯·比尼恩 ··································· 53
　　哦夏天的太阳 ······························ 53

拉尔夫·霍奇森	54
奥秘	54
时间,你这老吉卜赛	54
特奥多尔·蒂尔顿	57
国王的指环	57

爱情诗

赫尔曼·隆斯	61
晚歌	61
又苦又甜的歌	62
鬼	62
警告	64
采草莓	64
小窗	65
勿忘我	66
刨开	67
修女	68
爱的怨诉	69
访求爱情	70
冬天	71
贝托尔特·布莱希特	72
弱点	72
情歌	72
爱者之歌	72
卡尔·米克尔	74
哀歌,仿卡图努斯	74
约翰内斯·贝歇尔	75
奇迹	75

　　　　在你的手上 …………………………………… 76
卡尔·克罗洛 …………………………………………… 77
　　　　情诗 ………………………………………… 77
约翰奈斯·波勃洛夫斯基 …………………………… 79
　　　　鸟窠 ………………………………………… 79
　　　　以你的声音 ………………………………… 80
斯密斯 …………………………………………………… 82
　　　　马莉安，这是你的 ………………………… 82
埃尔斯·拉斯克－许勒 ……………………………… 84
　　　　一支恋歌 …………………………………… 84
赖内·孔策 ……………………………………………… 87
　　　　爱情 ………………………………………… 87
尼古拉·扬可夫·瓦普察洛夫 ……………………… 89
　　　　离别 ………………………………………… 89

儿童诗

阿德尔贝特·夏米索 ………………………………… 93
　　　　巨人的玩具 ………………………………… 93
路德维希·乌兰德 …………………………………… 96
　　　　西格弗里德的剑 …………………………… 96
　　　　施瓦本的新闻 ……………………………… 97
约翰·戈特弗里德·封·赫尔德 …………………… 101
　　　　魔王的女儿 ………………………………… 101
古斯塔夫·施瓦布 …………………………………… 104
　　　　骑士与博登湖 ……………………………… 104
恩斯特·扬德儿 ……………………………………… 108
　　　　在美味食品店 ……………………………… 108
威廉·巴恩斯 ………………………………………… 109

母亲的梦 ……………………………………………… 109

约翰内斯·R.克勒 + 奥斯卡 …………………………… 111
　　像你我一样的动物 ………………………………… 111
　　　　牛蛙 …………………………………………… 112
　　　　金龟子 ………………………………………… 112
　　　　衣鱼 …………………………………………… 113
　　　　蚜虫 …………………………………………… 114
　　　　土鳖 …………………………………………… 114
　　　　蟋蟀 …………………………………………… 115
　　　　跳蚤 …………………………………………… 115
　　　　蜘蛛 …………………………………………… 116
　　　　蛾子 …………………………………………… 117
　　　　毛虫 …………………………………………… 117
　　　　蚯蚓 …………………………………………… 118
　　　　蟑螂 …………………………………………… 119
　　　　家蝇 …………………………………………… 119
　　　　臭虫 …………………………………………… 120
　　　　大蚊 …………………………………………… 120
　　　　蜗牛 …………………………………………… 121
　　　　蜜蜂 …………………………………………… 122
　　　　知了 …………………………………………… 122
　　　　孔雀 …………………………………………… 124
　　　　雄鹅 …………………………………………… 124
　　　　狼 ……………………………………………… 125
　　　　母牛 …………………………………………… 125
　　　　鸵鸟 …………………………………………… 126
　　　　猫 ……………………………………………… 127
　　　　老虎 …………………………………………… 127

5

犀牛	128
袋鼠	128
狗	129
猫头鹰	130
猴	131
猪	131
大象	132
公牛	133
鳄鱼	134
鹿	134
狮子	135

威廉·布什 ... 136
    顽童捣蛋记 ... 136
        写在前面 ... 136
        开篇 ... 137
        第一回捣蛋 ... 138
        第二回捣蛋 ... 140
        第三回捣蛋 ... 143
        第四回捣蛋 ... 146
        第五回捣蛋 ... 149
        第六回捣蛋 ... 152
        第七回捣蛋 ... 154
        收场白 ... 156

雷丁儿童诗选 ... 158
  德国作家约瑟夫·雷丁向中国小读者致意 ... 158
  日安课本 ... 159
  白天,你早! ... 160
  鼓励 ... 161

笛声	162
毛地黄	163
我的皮球	164
叫人生病的机器	165
不是超人	166
你们每天容忍这些嚷嚷	167
警察不是大块头	168
我的城市	169
栽颗心	171
谁来洗河流	172
从多特蒙德到慕尼黑	173
这可跟政治有关	175
我们家里不兴这个样	176
来吧！	177
泥巴,沙土和尘埃	178
游手好闲	178
如果动物用我们来做我们用它们所做的东西	179
传单	180
不像话	181
姑娘,别指望王子！	182
一份电报	182
教我儿子走路	184
互相关联	185
魔术师？	186
骗局	187
一只新老虎	188
电视广告	189
离婚	191

你可有点儿缺陷？	192
被打扰的桥梁建筑师	192
在月亮背后	193
好不容易	194
"假设"先生	194
天大的秘密	196
你怎么支持你的市镇？	196
老妖婆瓦克察恩的新闻	197
错位错得古怪的世界	198
别嚷嚷！	199
乖比尔	200
饱和饿	201
建议	202
你的帆是黑的	203
天黑以前要说白天好！	204
鼓掌，鼓掌，鼓掌	205
米盖尔十岁刚满	205
嘿？	206
海外奇谈式服装	207
家庭游戏	208
可不是稻草人	210
打扫是可以的	211
保健院	211
阿贝之歌	213
一本书好比一个港口	214
不是每个	214
奇妙的围场	215
明天的儿歌	216

强盗学	216
倒垃圾	217
最难的单词	218
用什么写作？	219
和平	219

反法西斯诗篇

保罗·策兰*

示播列①

连同我的石头,
栅栏后面
大哭的人们,

他们把我拽
到市场中心,
到那儿
旗帜卷起来,我向它
没发过任何誓言。

笛

---

* 保罗·策兰(Paul Celan,1920—1970),著名德语诗人。生于罗马尼亚德语犹太人家庭。一九四二年父母在集中营被害后四处流亡,一九四八年定居巴黎,一九七〇年自杀。译过英、法、俄语诗歌。一九五二年出版《罂粟与回忆》,尤以《死亡赋格曲》一诗闻名于国际。

本卷反法西斯诗篇译自《流亡抒情诗》,斯图加特克兰出版社1985年版,中译来自《世界反法西斯文学书系·德国·奥地利卷4》(重庆出版社1992年版)。

① 希伯来语,原意为"(麦)穗"。据《旧约·士师记》第十二章第五节,以法莲人由于念不准这个字("西播列"),便被基列人认出并被拿住。此后转义为戒严口令。

夜之双笛：
深红的
孪生子沉思在
维也纳和马德里①。

下半旗，
记忆。
半旗
为了今天和永远。

心：
让你在这儿认识，
这儿,市场中心。
喊出来,示播列,喊
向故国的他乡：
二月。No pasaran②。

独角兽：③
你熟悉石头,
你熟悉水,
来吧,
我把你引开去
去听艾斯特勒马杜拉④

---

① 指一九三四年二月维也纳工人起义和一九三六至一九三八年西班牙内战。
② 西班牙语:禁止通行。
③ 指策兰的犹太密友埃里希·艾因霍恩(1920—1974)，与作者一起热烈拥护维也纳工人起义和西班牙共和战士；一九四一年移居苏联。
④ 马德里西南部地区,内战曾在此紧张进行。

的声音。

死亡赋格曲

清早的黑牛奶我们晚上喝它
我们中午和早上喝它我们夜间喝它
我们喝了又喝
我们在空中挖个坟人们好躺着不挤
一个人住在屋里他玩蛇他写字
他天黑时分向德国写你金发的马加丽特
他写着又出现在屋前星星在闪烁他吹口哨
把他的狼狗唤来
他吹口哨把他的犹太人唤来让他们在地上挖个坟
他一面吩咐我们一面奏乐跳舞

清早的黑牛奶我们夜间喝你
我们早上和中午喝你我们晚上喝你
我们喝了又喝
一个人住在屋里他玩蛇他写字
他天黑时分向德国写你金发的马加丽特
写你灰发的祖拉米特我们在空中挖个坟人们好躺着不挤
他呼叫着把他们一个个搠进坑里又唱着又奏着
他抓住皮带上的铁他挥动着它他的眼睛是蓝的
他用铁铲把他们一个个搠进去又开始奏乐跳舞

清早的黑牛奶我们夜间喝你
我们中午和早上喝你我们晚上喝你
我们喝了又喝

一个人住在屋里你金发的马加丽特
你灰发的祖拉米特他玩蛇

他呼叫他玩弄甜蜜的死亡死亡是德国的主人
他呼叫他弹奏灰暗的提琴又把它如烟抛向空中
又用它在云端挖个坟人们好躺着不挤

清早的黑牛奶我们夜间喝你
我们中午喝你死亡是德国的主人
我们晚上和早上喝你我们喝了又喝
死亡是德国的主人它的眼睛是蓝的
它用铅弹射你它射中了你
一个人住在屋里你金发的马加丽特
他放出狼狗咬我们他送我们一个空中的坟
他玩蛇他做梦死亡是德国的主人

你金发的马加丽特
你灰发的祖拉米特

埃里希·弗里德*

我父亲的葬仪①

在犹太墓园掘开了许多土地,
一口口棺材来了,太阳照着。
管理员说:这样搞了几个礼拜。
一个孩子在抓蝴蝶,一个老人在哭。

咚的一下父亲落进了坑里,
我跟着扔土,又湿又冷。
合唱队长唱着。黑马在嘶吼。
似乎有避暑胜地的味道。

人们不让我进城里公园去,
不让我坐码头上灰绿丛中的长凳,
他们把我父亲打死了,
我才来到郊外看见了春天。

---

* 埃里希·弗里德(Erich Fried, 1921—1988),奥地利诗人。一九三八年父亲被纳粹杀害后移居英国,翻译过莎士比亚及现代英语诗,曾任英国广播公司德语广播员。诗风明快,尖锐,受布莱希特影响。

① 作者的父亲于一九三八年春季在所谓奥地利合并之后为盖世太保所杀害。

悲　叹

美丽的世界到了尽头。
从底层钻出了野兽。
阳光浓烈的苍穹。
撕碎在它的食道中。

鳄鱼已苏醒
将吞噬星星。
在人生的黑夜
谁帮我忘掉一切？

致统治者

你们的心和眼睛可曾烧就？
国内十个正人君子也不再有？
你们并不凶狠如兽，野兽不像你们这样。
你们的牺牲品也没有一个，死得像你们这样。

最后的旅行

窗下铁道上载运着凄惨的货物。
牛群在通向屠场路上整夜号哭，

它们最后一次并不躺在草上，
而是绝望地挤来挤去。——什么地方，

牲口车载着德国士兵去战斗,
　他们整夜却睡在草里像牲口。

赫尔曼·哈克尔[*]

犹太孩子,1945

我没有名字。
我是个犹太孩子。
不知我们从哪来,
明日又会到哪里。

我讲许多语言,
又把它们忘掉;
我们忍受的一切,
任何语言也说不出。

夜间我常在梦中
登上亲人的尸体,
相信这样会到达
上帝应许的乐土。

---

[*] 赫尔曼·哈克尔(Hermann Hakel),奥地利犹太诗人,生于一九一一年,一九三九年曾移居意大利,在意大利集中营被囚禁五年。一九四八至一九五〇年为奥地利笔会主席。

我呼救的时候
突然升了起来，
一下子高高在上
站上了西乃山①。

于是周围是赤裸的石头
只见天空，没有房屋……
我呼喊上帝！唯有
在他面前才嚎啕大哭。

洪　水

淹没全世界的黑色洪水
从亚拉腊山②冲回到了虚无。
谁从他的方舟获得保护和生命
谁才再次见到它，那光的世界。

夜间沉没的空间又浮现了。
被忘却的声音又响起来。
山还是山，树还是树；
世界信任谁，谁就幸福微笑。

我看见被洪水吞没的死者，
我听见将溺毙者的叫喊

---

① 西乃山，今译"西奈山"，亦称"摩西之山"或"何烈山"。埃及西奈半岛中南部花岗岩山峰。据《圣经》，上帝在此向摩西显灵并传十诫。见《出埃及记》第十九、二十章。
② 亚拉腊山，土耳其南部死火山山地。传说诺亚方舟在洪水渐退时曾停泊此处。

我血液里还震颤流过自身的恐惧。

因黑色洪水一再涨起
明天又将溺毙的人们,
今天还来得及把他们拯救。

埃尔斯·拉斯克－许勒[*]

越过闪烁的砂砾

我可以回家了——
灯熄了——
最后的迎迓消失了。

我该到哪儿去？
哦妈妈，你可知道？
连我们的园子都死了！……

一束灰色的石竹躺
在老家的犄角。
它博得了细心的照顾。

门上围着花圈欢迎
全凭颜色表达盛情。

---

[*] 埃尔斯·拉斯克－许勒（Else Lasker－Schuler，1869—1945），德语犹太女诗人，表现主义诗歌先驱；一九三三年起流亡各地，一九三七年定居巴勒斯坦，晚年贫困潦倒，卒于耶路撒冷。

哦亲爱的妈妈！……

晚霞到早上
喷射出温存的眷恋
在耻辱与困苦的世界面前。

我再没有姐妹和兄弟。
冬日与巢穴里的死神相戏
严霜冻僵了所有情歌。

我躺在路边

我躺在路边疲乏透了——
阴凄的寒夜覆盖着我——
早就给埋了被当作死人。

我在该去的地方——为曙色所掩蔽——
我的月光用歌声静静思考过的曙色啊
而远天却成千倍地蓝。

你们盲目蹂躏的那神圣的爱
是上帝的肖像！……
被过失杀害了。

所以你和我还活着在一个坑里！
而且——就在乐园连花带叶地沉醉了。

内利·萨克斯[*]

哦烟囱

"我这皮肉灭绝之后,
我必在肉体之外得见神。"

——约伯

哦烟囱
在构思精巧的死亡住宅上面,
当以色列的尸体化为烟雾
飘过空中——
当扫烟囱人扫出它一星半点
它是黑色的
还是一道阳光?

哦烟囱!
耶利米和约伯的骨灰的自由之路——
是谁设计你,用一块块石头为

---

[*] 内利·萨克斯(Nelly Sachs,1891—1970),德语犹太女诗人。一九四〇年为纳粹当局传唤,经瑞典著名女作家塞尔玛·拉格洛孚营救,逃往瑞典。一九六六年获诺贝尔文学奖。

逃亡者从烟雾中筑出一条出路?
哦死亡的住宅,
筑好了就请人进来
为了房屋的主人,他也是客人——
哦你们指头
横放在入口门槛上
像一把刀在生与死之间——

哦你们烟囱,
哦你们手指,
以及化烟飘过空中的以色列的尸体啊!

哦哭泣的孩子们的夜晚

哦哭泣的孩子们的夜晚!
划归死亡的孩子们的夜晚!
睡眠再也没有进口了。
可怕的看护妇们
代替了母亲们的位置,
她们的手肌上刺激了假死,
在墙壁上和支架上播种着假死——
它在令人战栗的巢穴里到处孵化着。
小家伙们吮吸着恐怖而不是妈妈的奶。

妈妈昨天还
把睡眠像一轮明月牵引过来,
一只手是
红颊被不断吻过的玩偶,

另一只手是
被剥制的动物,活生生
变成了爱,——
而今死亡之风吹拂着,
衬衫不停地飘过
再没人梳理的头发。

何等隐秘的血愿

何等隐秘的血愿,
愚妄的梦想和被杀过
一千次的土壤
会让那可怕的傀儡演员站起来吗?

他,以唾沫四射的嘴巴
可怕地吹倒了
他的事业的圆形旋转舞台
以及渺茫延长着的恐怖地平线!

哦土堆①,仿佛为邪恶的月亮所牵引
由凶手玩弄着:
手臂时起时落,
腿脚时起时落,
西乃人民②的沉落的太阳
做脚下的红地毯。

---

① 借喻人的肉体、遗骸。
② "西乃人民"即犹太人。

手臂时起时落,
腿脚时起时落,
而在渺茫延长着的恐怖地平线上
死亡的星辰如同
时代的钟表庞然站立着。

弗朗茨·韦费尔[*]

历代最伟大的德国人

（1938年9月他在柏林体育宫演说之后）

上衣挂有魔鬼的十字架，
额头深深搭着卷发，
卓别林小胡子像个斑块：
这是个龌龊的妖怪。

从"种族沼泽"发祥，
早已中毒而肿胀，
这个稀里糊涂的什么东西
不知怎么混进了第四阶级。

没有受好公民教育，
却成了诸神事业的工具。
一个小人物十分卑微，

---

[*] 弗朗茨·韦费尔（Franz Werfel,1890—1945）,德语犹太诗人,生于布拉格,卡夫卡的朋友,二十年代表现主义诗歌代表;参加第一次大战,战后移居维也纳,后去美国。除诗创作,还写小说多种,反映战争恐怖。

却把自己成百万倍地吹。

他把德国种族联合成
一批羊肚菌似的人民。
他所联合的一切臭气薰天。
德国文字像石头一样枯干。

声音尖锐而热烈。
许多耳朵感到亲切。
它的嗥叫穿过苍穹，
变成了世界的耳虫。

我们抗拒它的标志
不论是活人还是死尸。
这癞子懂在心里，
是我们，**我们**取得了胜利。

世界快把血流干。
帝国在付酒账单。
诅咒和劳役留给人民作奖赏，
还有"大卫的儿子"①这个希望。

逃亡者的梦城

是的，我记得不错，是那条旧胡同。
我在那儿一直不断住了三十年……

---

① 大卫系古以色列第二代国王，被视为期望中的救世主形象。

我在那儿对吗？一个什么把我驱赶，
它不放我走，不让我回到人群中。

那儿突然戒了严……我还没有理会过来，
抓住了我的手臂："请出示派司！"
我的派司？我的派司在哪儿？周围都是
轻蔑和仇恨，我显得迟疑而苍白……

这许多恐怖人的勇气怎么受得了？
将要打在我身上的钢鞭在呼啸，
我还觉得，我的膝盖快要折断……

看不见的东西向我身上直唾，
我听见我在叫喊："我的确没做什么，
除了我说过你的、**我的**语言。"

贝托尔特·布莱希特[*]

致后代

一

真的,我生活在凄惨的年代!
老实话是愚蠢的。一个平滑的额头
意味着麻木不仁。发笑者
只不过没有接到
可怕的消息。

这是什么样的时代啊,一场
关于树木的谈话几乎就是一桩罪行,
因为它包含着对那么多为非作歹的沉默!
在街上平静走着的那个人,
也许他的朋友们在患难中

---

[*] 贝托尔特·布莱希特(Bertolt Brecht, 1898—1956),杰出的现代德语诗人、剧作家、戏剧理论家。第二次大战期间逃往苏黎世,经布拉格去丹麦和芬兰,后去美国。一九四七年回欧洲,先去瑞士,后定居民主德国,建立"柏林剧团"。生前发表诗作甚少,死后有诗作九卷问世,在东西德国均受欢迎。
中译来自《请向内心走去——德语国家现代诗选》(湖南人民出版社 1988 年版)。

再找不到他吧?

不错:我还能够糊口。
但请相信我:这只是一份运气。我所做的
没有一件使我有权吃得饱。
我偶然得到宽容。(假如我的运气完蛋,
我就会倒霉。)

人们对我说:吃吧喝吧!尽量快活吧!
但我怎么能够吃喝呢,如果
我吃的东西是从饥饿者那里抢来的,
而口渴者也没有我的这杯水?
可我还是吃呀喝呀。

我也高兴变得聪明起来。
古书上写的有聪明之道,
远离世界的斗争,毫无
恐惧地度过短短一生,
并且避免暴力,
以善报恶,
欲望不要满足而要忘却,
此谓之聪明。
这一切我都做不到:
真的,我生活在凄惨的年代!

二

我在混乱时刻来到了城市,

那时那里发生饥荒。
我在叛乱时刻混在人群之中,
和他们一起反抗。
就这样度过了我在
世上被给予的日子。

我在战役之间吃饭。
我在凶手中间睡觉。
我满不在乎地培育爱情
又毫无耐性地凝视自然。
就这样度过了我在
世上被给予的日子。

我那时街道通向沼泽。
语言把我出卖给屠夫。
我能做的事很少。但统治者
没有我更觉安全,这正是我的希望。
就这样度过了我在
世上被给予的日子。

精力不济了。目标
还很远很远。
它显而易见,即使对我
可望而不可及。
就这样度过了我在
世上被给予的日子。

三

你们，从我们所沉没的
洪水中浮现出来的人们啊，
当你们谈到我们的弱点时
请记住
你们所逃脱的
那个凄惨的年代。
因为我们换国家比换鞋子还多，
我们经历了阶级的战争，在只有
不义没有反抗的时刻感到绝望。

此外我们还知道：
即使仇恨卑鄙
也会扭曲人们的面貌。
甚至对不义的愤怒
也会使声音嘶哑。唉唉，我们
希望为友谊准备土壤，
自己却不能相互友好。

但你们，到了
人是人的帮助者的时候，
请以宽容的心情
记起我们来。

尼古拉·扬可夫·瓦普察洛夫[*]

信　念

我在这里——

呼吸着，

工作着，

生活着，

写着我的诗，

献出了我的精华。

生活和我彼此

怒目而视，

我以全副力量

和它斗争。

---

[*] 尼古拉·扬可夫·瓦普察洛夫(1909—1942)，保加利亚杰出诗人，第一本诗集为《马达之歌》。二战爆发后，保加利亚与法西斯德国结盟，瓦普察洛夫加入了抵抗运动，数次被捕、流放，一九四二年因反法西斯活动被逮捕枪决。十年后他的诗作被介绍到新中国，一九五三年译者从俄文书刊翻译出一部《瓦普察洛夫诗选》(包括十六首诗和四篇回忆与评论文章)，寄给某文学出版社，可惜被退回，后译稿一直未再出版。这里的几首诗即选自译者一九五三年的遗留手稿。整理遗稿时偶然发现，退稿出版社退稿后当年出版的一本《瓦普察洛夫诗选》(据说选自英文版)与绿原译诗选集目录(选自俄文版)雷同(所选诗作篇数、内容、排序及所选评论文章完全相同)。

致后代

生活和我口角，
但不要这样推论
说我鄙视它。
不，恰巧相反！
虽然我会死去，
那有着残忍的
钢爪的生活，
我仍然珍爱，
仍然珍爱！

假使他们在我的颈上
紧系着绳子，
问道：
"你愿意再活一小时吗？"
我会立刻大叫大喊：
"解开！
解开！
快解开
绳子，你们这些魔鬼！"

为了生活，没有什么事情
我不敢做。
我会在天空驾驶
一架新式的飞机，
跨上一支啸响的
火箭，独自地
在空间
探索着

遥远的
行星。

我向上
凝望着
蓝色的天空,
仍然感到
一种愉悦的震颤。
我振奋精神,
继续活下去,
依然感到
一种愉悦的震颤。

可是瞧吧,假使
你们从我这个信念
拿走——多少呢？——
一丁点儿,
那么我会暴怒,
我会痛苦得暴怒
像一头被刺到心脏的
豹子。

因为我还会
剩下什么呢？
这场偷窃之后,
我将会丧魂落魄。
坦白地说,
更直接地说——

这场偷窃之后,
我将会化为乌有。

或许你们希望
你们能够抹杀
我对于幸福日子的
信念,
我认为
明天
生活会更美好
生活会更明智的信念吧?

请问,你怎样粉碎它呢?
用子弹吗?
不!没有用!
住手!那样不值得!

我的信念有坚固的铠甲,
在我刚强的心胸之中。
能够损伤我信念的
子弹
不存在,
不存在!

工　厂

一座工厂,上面烟雾成团。
人们——是单纯的,

生活——是艰苦的,烦人的。
揭掉了面具和油彩的生活
是一条狂狷的野狗。

你必须不倦地战斗,
必须强硬,坚持下去,
把那只发怒的、
鬃毛竖立的野兽的
牙齿刮掉
一层皮。

工棚里是传动的皮带,
头顶是尖叫的转轴,
空气是这样令人恶心,
你不能轻松地
深深地
呼吸。

不远处,春风
摇动着田野,
太阳在呼喊,
向天空倾斜的
树木遮蔽着——
工厂的墙壁。

田野是
没有人要的,
被忘却的,

疏远的呵！
他们
已经把天空和它的梦想
扔到垃圾桶里去了。
因为逛荡一会儿
或者轻松一下你的心，
就会徒然丧失
你的强壮的
工人的
手臂。

你必须在机器的
轰响声里叫喊，
让你的话
穿过
空间。

我叫喊了多少年，
无始无终地……
旁的一切也异口同声地叫喊——
工厂，
机器
和在最远的
最黑的角落里的
人。

这种叫喊如同钢铁合金的飞轮，
运转着我们的生命。

试放什么到轮子里去——
打断的会是自己的手臂。

你,工厂,
仍然要用
一层一层的煤烟
弄瞎我们。
没有用的!因为你教导了我斗争,
我们要把
太阳
捧到我们这里来。

多少张劳碌得黝黑的面孔
在你的虐待下面胸中剧痛。
但是它里面一颗心正不倦地
和一千颗心一起跳动。

回　忆

我有一个伙伴,
一个好伙伴,
但他患咳嗽。
职业是一名火夫,
他在夜班十二小时不停地
用袋子扛煤,
又倒掉煤灰。

我记得

这个伙伴的眼睛，
它们干渴地吸饮着
每一道偶然
穿过污秽
到达我们的囚槛的
光线呵。

在春天——
树叶呢喃，
成群的
飞鸟
横过天空，
他产生狂热的渴求
是多么地快呵。

我感觉得到
那眼睛里的控诉
和患难，
痛苦的患难。
它们希求的恩惠那样子少——
直到春天
直到下一个春天……

春天动人地
来了，
有太阳，
有温暖的空气
还有玫瑰。

清明的天空
送来紫罗兰的芳香。
但在我们身上却是黑暗,
却是郁闷的
难堪的平凡。

但那时,
生活被搅乱了。
汽锅出了岔子,
可疑地隆隆作响,
又停止了。
我不知道为什么,
但或许是因为
那位老兄死了吧。
说不定我搞错了。
或许是饥饿的
汽锅需要
熟悉的双手
给火添煤吧。
说不定是这样。
我不知道。
但我觉得,它
咣咣响着,哮喘着
悲哀地问:
"哪位老兄哪儿去了?"

他——那位老兄——死了。
瞧吧,

春天就在外面。
远处,
雀鸟们穿过天空。
而他再也不能看见它们。

我有一个这样的伙伴,
一个好伙伴,
但他患咳嗽。
职业是一名火夫,
他在夜班十二小时不停地
用袋子扛煤,
又倒掉煤灰。

西班牙

你过去对我意味什么?
什么也不是。
一片被忘却的偏僻的土地,
一片有着武士和高原的土地。
你过去对我意味什么?
燃烧着奇怪和残忍爱情的
炉床,
一种用血、
用闪光的刀口
和小夜曲、
用激情、
嫉妒
和圣诗混合成的

狂烈的麻醉剂。

此时我视你为命运，
我活着，分享着你的运气。
你的争自由的斗争
我全心全意地参与。

现在我激动，我高兴
你战斗中的一切胜利。
你的青春力量我确信无疑
我自己的和你的结合在一起。

蹲伏在机关枪的火网里，
我战斗到胜利到来，
在托列多的街道中间
在马德里的郊外。

一位棉布衫着装的工人
被子弹撕裂了，躺在近旁。
温暖的血止不住地从
盖住他眼睛的帽内流淌。

我感到
血液在
血管轰鸣，
当我突然认出
这是我的一位朋友。
我们在一个工厂里相识，

在那里一块儿铲起煤，
一块儿向锅炉内加着火，
而且没有任何障碍
挡住我们年轻大胆的希望。

安息吧，我的同志，静静地睡吧！
尽管此刻红旗被卷起来，
你的血却渗进了我的血，
并激动了全世界的人们。

你所给予的血，
淌过村庄、工厂、市镇和国家，
呼唤，催促和鼓舞
一切工人来显示：

工人们决不丧胆，
将会勇往直前，
决心工作、战斗，
并且流血，为着人类自由。

你的血而今化为防寨，
勇气流入我们的心间，
带着不顾一切的喜悦宣布：
"马德里，我们的！
马德里，是我们的！"

世界属于我们！朋友，莫要怕！
整个扩展着的宇宙

全是我们的!
在南方的天空下面
睡吧,
要有信心,
要对我们有信心!

给母亲的信

寄:休斯卡
弗朗西斯卡·拉波列夫人

母亲,
菲南德斯被杀了!
菲南德斯
死了,埋掉了。
菲南德斯
不再活了。
菲南德斯
躺在田野里,
在马德里的
郊外。

他是那样一个好人,告诉我吧——
他们为什么要截断他的生命?
虽然菲南德斯已经死去,
他们仍旧要去打仗。

母亲,我只有对你

才能够说出我的忧伤。
你知道战争是怎么回事，
有多少泪水要流淌。

我在旁的女人的眼睛里
寻觅同情，
但那里我也找到了痛苦的忧伤
和泪水，新的泪水又涌起来了……

或是一个兄弟死了，
一个爱人在岗位上牺牲了，
或是一颗炮弹爆炸了
强夺了年轻的美丽。

或是像我这样，枉然地期望着，
有一个消息将会来临，
但潮湿的土地已经把他
搂在她强壮的怀抱里了……

母亲，你不要责备他，
说他不该去打仗。
现在我甚至觉得我们
是在犯罪。菲南德斯是对的。

在我们中只有他理解
生活的唯一真理——
就是，比起过着野兽的生活，
一个人死去最好。

面包是有的,一块
却只够两人吃。
对于将出世的儿子,
母亲,这一点儿怎么行呢?

另外还有一件事——不知怎的,
它很难理解的。
他们一起去打仗。为的是什么?
难道面包是唯一的同盟吗?

今天举行了葬礼,
为那些牺牲在掩体里的人们。
亲眼看见的一切,
却找不到语言来告诉你。

我觉得,那是一幅异样的景象,
是何等的奇妙,
在那些被埋的人们身上
有一道可惊的光彩照耀。

我仅有一会儿,
视线在那里停留,
扫过棺材板,我瞧见他们
伸开他们的手。

他们在死亡中并拢,
像一个人似的躺着,

致后代

幸福的死亡火焰
在他们眼中呈现快乐……

忽然我懂得
他必须去打仗。
菲南德斯死在战役中——
我再也看不到他了。

母亲,菲南德斯牺牲了!
母亲,菲南德斯走了,
菲南德斯死了,埋掉了!
哭吧,因为他死得那么年轻。

但是对老人家,不要说什么!——
悲伤会给他送终。
你自己躲在什么地方,轻悄地哭吧,
不要说什么,不要说什么。

假使他不知咋地知道
假使他不知咋地怀疑到,
就说我们两个都很好,
而且要添孩子了。

你不妨向他讲:
多洛列丝正沉迷童话。
她和菲南德斯信中还问
你是喜欢一个男孩还是一个女孩。

41

继续写下去，亲爱的母亲，
会引起我更多的哀痛。
祝你安好，你的爱女，

    多洛列丝·玛利亚·格雅

我们将建造

我们将建造一座工厂，
一座巨大的工厂，
用钢筋混凝土筑墙！
男人们和女人们，
我们，人民
将建造一座
生活的工厂。

我们的孩子们死在
阴暗的闷人的贫民窟的
有毒的恶臭里。
世界就是监狱。
男人们和女人们，
人民，
不要后退一步呵！
我们将建造一座
生活的工厂。

我们的孩子们死在
呛人的恶臭里，
两眼渴念着太阳。

而我们却因懦怯畏缩着，
什么都不说，
什么丑话也不说。

我们悬起了线网，
让我们自己的血从顺地流过。
但生活席卷着，拖曳着我们，
我们哑默地冷淡地凝视着它。

我们用指甲挖穿岩石，
我们从花岗岩掘出隧道。
我们用钢轨围卷着土地，
在它的脏腑里
什么也没有隐藏。

无线电波在天空穿出花样，
摩天楼尖顶插进了蒙雾，
而在更高的空间
钢鸟
在怒号。

同志们，让我们明了：
我并不反对进步。
我深知，
窒息我们的不是进步。
我们并不毁灭它。

我们将建造一座工厂，

一座巨大的工厂，
用钢筋混凝土筑墙！
男人们和女人们，
我们，人民
将建造一座
生活的工厂。

无 题①

战斗是艰苦的，无情的，
战斗是雄壮的，人们说。
我倒下了。另一个代替了我的位置——
何必要标出名字来呢?

枪毙吗? 枪毙——人变成了蛆。
简单的逻辑，如此而已。
但在暴风雨里，我们跟你在一起，
我的人民呵，我们那样爱过你。

(1942 年 7 月 23 日下午 2 时)

---

① 这首诗是作者临刑前几小时写的，这一天就是他就义的日期。

哲理诗

瓦尔特·萨维奇·兰多[*]

行年七十五

我不与人争,胜负俱不值;
我爱大自然,艺术在其次。
且以生命之火烘双手;
它熄了,我起身就走。

---

* 瓦尔特·萨维奇·兰多(Walter Savage Landor,1775—1864),英国诗人,散文家。性格古怪,与时人不合。写作风格背离文学传统。名著《想象的对话》显示出他的渊博的知识和深厚的古典文学造诣。

本卷哲理诗中译出自《外国哲理诗》(外国文学出版社1989年版),译名阿木。

艾尔弗雷德·丁尼生*

裂缝墙上一朵花

裂缝墙上一朵花,
我从裂缝摘下它,
连根带叶拈在手,
小花啊,如果我懂透
你的一切,连叶带根,
我就懂得了上帝和人。

橡　树

老老少少,
把你一辈子
活得像橡树,
春天生机勃勃,

---

* 艾尔弗雷德·丁尼生(Sir Alfred Tennyson,1809—1892),英国维多利亚时期著名诗人。从小学习写诗,十来岁时能模仿蒲柏、司各特和弥尔顿的风格写出数千行的叙事诗。他早期的诗歌富有生气和浪漫主义色彩,晚年被授予很多荣誉,封为男爵,获得"桂冠诗人"称号。他的主要作品有《抒情诗集》《诗歌集》,《追念〈亡友哈拉姆〉》一诗被认为是英国文学史上最出色的挽歌之一。

闪烁如金子；

接着夏天
郁郁葱葱；接着
秋天换装，
又变得金黄，
更加沉着。

所有叶子
终于落光，
看哪，它挺然屹立，
只有干与枝
显示赤裸的力量。

夏洛蒂·勃朗特[*]

生　活

相信我,生活并非一场梦,
　　阴暗如圣贤所言;
往往一阵小晨雨
　　预示一个晴朗的白天!

---

[*] 夏洛蒂·勃朗特(Charlotte Bronte,1816—1855),英国十九世纪著名女作家,她和艾米莉·勃朗特(1818—1848)是英国文学史上著名的姐妹作家。夏洛蒂·勃朗特的代表作《简·爱》,是以作者自己的生平和生活感受为基础创作而成的,它通过简·爱塑造了一个来自平民的新型的反抗形象。题材新颖,感情真挚,富有浪漫主义的神秘色彩,在她出版《简·爱》之前,她们姐妹还合出了一本小小的诗集。

托玛斯·哈代*

两个都在等

一颗星俯视我
说,"我和你
站在这里,各自的方位:
你想做什么,
　做什么?"

我说,"谁知道?
等着吧,且让流年似水
直至我的变化相随。"——"对,"
星说,"我也这么着:——
　这么着。"

---

* 托玛斯·哈代(Thomas Hardy, 1840—1928),英国现实主义作家,写有长篇小说、短篇小说、诗歌和剧本等多种体裁的作品。他的作品反映了底层人民的悲惨命运,却往往蒙有一层宿命论的悲剧色彩。他的抒情诗具有深度和现实感,他曾这样写道:"大概在诗里,我可以更充分地表现与顽石般的消极意见相对立的思想和情绪……如果伽利略在诗里宣布地球自转的话,宗教裁判所就可能不纠缠他了。"

威廉·沃森*

无 题

千里艰辛历尽，
重门庙堂朝拜；
仰望神像端坐，
骤然为之惊呆。

---

* 威廉·沃森(William Watson, 1855—1935)，英国诗人。

劳伦斯·比尼恩[*]

哦夏天的太阳

哦夏天的太阳,哦移动的树木!
哦欢快的人声,哦忙碌而灿烂的通衢!
命运在未来能有什么时光
或乐事能与这些相仿:
尝一尝这热、这光、这风的滋味,
高高兴兴去感受,生活是多么甜美!

---

[*] 劳伦斯·比尼恩(Laurence Binyon,生于1869年,卒年不详),英国诗人,并研究美术。曾访问日本,在东京帝大作学术讲演。著有《英国艺术与诗歌中的风暴》。

拉尔夫·霍奇森[*]

奥　秘

他来了,牵着我的手
走到一株玫瑰树下,
他不说明用意
却给我一朵玫瑰花。

我不求他向我
揭示个中奥秘,
闻闻天堂,看看他的面庞,
这朵玫瑰花足矣。

时间,你这老吉卜赛

时间,你这老吉卜赛,
为什么总不停留,

---

[*] 拉尔夫·霍奇森(Ralph Hodgson,1871—1962),英国二十世纪初的诗人。因为他的诗被选入爱德华·马什爵士的《乔治王朝诗选》,因而他们一概被称之为"乔治王朝"的诗人。但霍奇森关于大自然的幻象被拿来同布莱克相比拟,公认他在一段时间内保持了一种更活跃的才能。

致后代

安顿你的大篷车
哪怕住一宿?

我将给你一切,
如果你是我的客人,
为你的小马系铃,
用最好的白银,
让金匠为你打制
金指环又大又亮,
让孔雀向你鞠躬,
让小童为你歌唱,
哦,漂亮的姑娘还将
用五月花为你结彩,
时间,你这老吉卜赛,
为什么走得那么快?

上周在巴比伦,
昨夜到了罗马,
今晨在拥挤的人群里
在圣保罗的圆屋顶下;
在圣保罗的日暮上,
你把缰绳勒住——
可是只一刹那,
马上又飞奔而去;
去到一个城市,
它现在还蒙在你的子宫,
去到另一个城市,
趁它还未进入坟墓。

时间,你这老吉卜赛,
为什么总不停留,
安顿你的大篷车,
哪怕住一宿?

特奥多尔·蒂尔顿[*]

国王的指环

从前波斯有个国王,
指环上刻着一枚图章;
那是一句聪明的格言,
随时可以送到眼前,
一眼就可获得教益,
适用任何变迁和时机;
那句格言不过如此:
"即使这个也将消逝。"

---

[*] 特奥多尔·蒂尔顿(Theodore Tilton,1835—1907),美国作家。常用儿歌形式表现日常真理。例如一首小诗《苍蝇》:"小崽小崽别发呆,瞧这苍蝇真叫乖,爬在墙上不斜也不歪,爬呀爬呀从不掉下来。"

爱情诗

赫尔曼·隆斯*

晚 歌

罗泽玛莉,罗泽玛莉,
我的心喊了你七年,
罗泽玛莉,罗泽玛莉,
可你就是听不见。

每个夜晚,每个夜晚,
我梦见你冲我微笑,
白天来了,白天来了,
我还是光棍一条。

而今我老了,而今我老了,
我的心却一直没有冷,
马上要睡了,马上要睡了,
它最后还跳个不停。

---

* 赫尔曼·隆斯(Hermann Löns,1866—1914,也译为赫尔曼·伦斯),北德"吕纳堡荒地"诗人,多以自然和爱情为题材,富于民族气息。中译来自《我坐在这里,等待,等待》(外国文学出版社1989年版)。

罗泽玛莉,罗泽玛莉,
我的心喊了你七年,
罗泽玛莉,罗泽玛莉,
可你就是听不见。

又苦又甜的歌①

在绿丛林里,在绿丛林里
夜莺唱了个通宵;
扯起嗓子唱,扯起嗓子唱,
把我从睡梦中唱醒了。

唱得太甜了,唱得太甜了,
夜莺夜莺,就在我的小房前;
唱得又苦又甜,唱得又苦又甜
为一个姑娘,她一定很孤单

太阳出来了,太阳出来了
你尽可以唱个够;
可到夜里,可到夜里
你的歌真叫我难受。

鬼②

哎呀姐姐,好姐姐,
我敢打赌

---

① 中译来自《世界爱情诗荟萃》(北岳文艺出版社 1988 年版)。
② 中译来自《我坐在这里,等待,等待》(外国文学出版社 1989 年版)。

你房里在闹鬼
我听得一清二楚。

哎呀妹妹,好妹妹,
那是草堆里的老鼠,
让我们拿把扫帚
把它赶出去。

哎呀姐姐,好姐姐,
那可不是老鼠,
它脸上长着
一大把胡须。

哎呀妹妹,好妹妹,
也许是猫,
我们来关上门
别让它往里跑

哎呀姐姐,好姐姐,
那可不是猫咪,
它是跳窗进来的
在同你咕咕唧唧。

哎呀妹妹,好妹妹,
别再问东问西
也许每夜真的闹鬼
就在你的小房里。

警告①

你说了,你不想爱
不想为任何男人受苦;
可你还年轻,五月还在开花,
最美好的时光就要过去。

梨树开花不光由于欢乐,
不仅仅为了让人饱眼福:
它的时辰到了,它的时辰到了,
它才充满甜言蜜语。

那么,美丽的姑娘,让人爱你吧,
要不你的心日后会悲伤;
那时你老了,孤单单一个人
一定会惋惜最美好的时光。

采草莓②

现在我们想去采草莓
在绿色的、绿色的林子里;
想到绿色的、绿色的林子里去
那里有许多的、许多的草莓
在绿色的、绿色的林子里。

---

① 中译来自《世界爱情诗荟萃》(北岳文艺出版社 1988 年版)。
② 中译来自《世界爱情诗荟萃》(北岳文艺出版社 1988 年版)。

俺们不敢去采草莓
在绿色的、绿色的林子里；
因为守林人是个坏蛋，
他爱把年轻的姑娘
引到绿色的、绿色的林子里。

守林人可真坏到家
在绿色的、绿色的林子里；
因为守林人是个小伙子，
他很懂得怎样做爱
在绿色的、绿色的林子里。

一个老守林人就好了
在绿色的、绿色的林子里；
年轻的守林人要是捉住谁，
谁就保不住她绿色的小花冠
在绿色的、绿色的林子里。

我早没有了我的小花冠
在绿色的、绿色的林子里；
因为我采草莓的时候，
守林人捉住了我
在绿色的、绿色的林子里。

小　窗①

哎哎,我整个白天多孤单,

---

① 中译来自《我坐在这里,等待,等待》(外国文学出版社 1989 年版)。

因为我的情郎不在我身旁,
可到夜里,可到夜里,
我给弄醒了
因为有人在敲我的小窗。

他说:我心爱的乖乖,
外面的狂风吹得我哆嗦,
让我进来吧,让我进来吧,
爱可不是什么罪过。

我妈妈总对我这样说:
孩子,男人没有一个好家伙。
要是她知道,要是她知道,
我的情郎怎样吻我,
哎哎,她准不会这样说。

我整个白天多孤单,
我的情郎不在我身旁,
可今天夜里,可今天夜里
我知道,我一觉醒来,
准有人来敲我的小窗。

勿忘我①

吹来了一阵风,
哟,吹来一阵风;

---

① 诗作选自作者民歌集——《小玫瑰园》,中译来自译者手稿。

它吹过石块和树杈
发现一朵蓝色小花花,
把它飞快吹到我手中。

它叫威灵仙,
哟,它叫威灵仙;
它不会开上一百年,
它顶多只开一两天,
然后苍白而变蔫。

它叫勿忘我,
哟,它叫勿忘我;
我的宝贝曾经狂吻我,
而今我不知他的下落,
爱情已经消磨。

刨 开[①]

夏天来的这片国土,
桦树正在发绿,
我把拄棍拿在手,
决心从那儿离去;
去吧,去吧,
连同你的那番假话。

我曾跟你把心交,

[①] 诗作选自作者民歌集——《小玫瑰园》,中译来自译者手稿。

我的心像金一样真，
你却为此把我嘲笑
认为它不值一文；
让它去，让它去，
让它为你而孤独。

花园栅栏旁的美姑姑，
美得像牛奶和血液，
我把心交给你保护
我愿它信赖你；
拿去吧，拿去吧
用你的真情实话。

如果我们享受爱情
在那美好的夏季
可自尊心一直孤零零
直到冰天雪地
刨开，刨开
我把另一宗宝藏开采。

修 女[①]

几百朵白色的百合
开在修道院的花园：
红红的红玫瑰
又是那么鲜艳。

---

① 诗作选自作者民歌集——《小玫瑰园》，中译来自译者手稿。

红红的红玫瑰
我可不敢近前
修道院的花园里
只许开放白色的百合。

三朵红玫瑰
落在了我的脚前
我两泪双流
只因我是一个修女

哎,骑士,年轻的骑士
把玫瑰好好保存;
只有百合为我开放
而不是小小的玫瑰。

爱的怨诉[①]

柳树,我要对你说
柳树,我要对你诉
可爱的是五月,
可我带有新曲

柳树,你应当听见
他再不会回来了
美丽而快乐的是五月
可我的早已过去了。

---

① 诗作选自作者民歌集——《小玫瑰园》,中译来自译者手稿。

柳树，你应当知道，
他再不会吻我，
五月又回来了
它给我带来新歌。

柳树，如果他问你
柳树，那么你应当说，
五月欺骗了谁
谁的春天就过去了。

访求爱情①

我为自己编了一个花冠
用的玫瑰又红又白；
我想访求一个意中人
想看谁知道这个人。

我已十八岁了
需要一个男人；
我想去问杜鹃
看我怎样开始。

杜鹃说，它不知道，
它自己也没有女人；
于是我去找夜莺
当夜里起露的时分。

---

① 诗作选自作者民歌集——《小玫瑰园》，中译来自译者手稿。

夜莺她也不知道,
她的男人早死了;
所以她唱得那么伤心
唱得那么苦。

杜鹃和夜莺
唱得悲痛欲绝
我站在那里,孤零零站在
草地和绿苜蓿中间。

冬 天①

我的记忆走遍了草原
安娜玛丽,记着你,记着你一人,
我想在草原上漫游
安娜玛丽,跟你在一起。

燕子飞遍了草原
安娜玛丽,它代我向你问好,
乌鸦叫遍了草原
安娜玛丽,这是你的回答。

风吹遍了草原
安娜玛丽,一切盖满了雪
我的爱一度走遍了草原
安娜玛丽,再见再见。

---

① 诗作选自作者民歌集——《小玫瑰园》,中译来自译者手稿。

贝托尔特·布莱希特[*]

弱 点

你没有弱点
我却有一个：
我爱。

情 歌[①]

爱人给我一个树枝
上面有黄叶一簇。

它凋落的那一年
爱情才刚开头。

爱者之歌[②]

如果你让我快活

---

[*] 贝托尔特·布莱希特(Bertolt Brecht,1898—1956)，见前面反法西斯诗篇作者介绍。
[①] 作者这两首中译来自《世界爱情诗荟萃》(北岳文艺出版社1988年版)。
[②] 中译来自《我坐在这里,等待,等待》(外国文学出版社1989年版)。

致后代

我会常常这样想：
现在就可以死去——
我一生幸福
到了头。

如果你老了
想起了我
我会像今天一个样
而你有个小爱人
还那么年轻。

卡尔·米克尔[*]

哀歌,仿卡图努斯[①]

"我爱你,"她大声说,我第七次
想堵住她的嘴,"我决不骗你!"
当然。我乐于相信她,她既然这样说了
也会相信自己。人们在春天把它写在冰上。

---

[*] 卡尔·米克尔(Karl Mickel,1935年生),民主德国诗人。早年攻读经济,后教授经济学。业余从事写作。中译来自《我坐在这里,等待,等待》(外国文学出版社1989年版)。

[①] 卡图努斯(公元前87—前54),罗马抒情诗人。

约翰内斯·贝歇尔[*]

奇　迹

说吧,发生了什么样奇迹?

我可以用你的眼睛看,
你用我的脚步走路,
你没讲的我都懂得,
你的话有如风之吹拂……

你存在,就是我的复苏——

说吧,对我可发生了奇迹?

发生的正是一个奇迹:

通过你我走近了自己。
我的生存就是:你,你在这里。

---

[*] 约翰内斯·贝歇尔(Johannes R. Becher,也译为约翰奈斯·贝歇尔,1891—1958),卓越的现代德语诗人之一,后期表现主义代表诗人。一九三五至一九四五年间居留莫斯科。第二次大战后回民主德国任文化部长。晚年诗风转变。中译来自《我坐在这里,等待,等待》(外国文学出版社 1989 年版)。

在你的手上[1]

瞧着你的手,我就知道了:
你的手将要蒙住
我的眼睛。你的手抚摩
我的头,这样寻找
我的眼睛,颤栗地摸索
仿佛摸索逃向眉前的禁物,
又从触碰中缩了回去。
但我在我眼睛上已感到
轻柔的一压,于是我对手说:
"别害怕,你们已使我不害怕!"
于是它们像永别的障翳
落在了我的眼睛上,我变瞎了。

---

[1] 中译来自《世界爱情诗荟萃》(北岳文艺出版社1988年版)。

卡尔·克罗洛[*]

情　诗

我悄声对你讲话：
你在破月亮的
苦草脸后面可听见我？
在空气的神美下面
天亮了，
黎明可是一条鳍翅颤动的红鱼？

你真美。
我对长满绿色防风根的田野这样说。
你的皮肤冰凉而干燥。我在我所住的
这座城市的房屋方块之间这样说。
你的目光——温柔而可信如一只鸟的
　　目光。
我对摆动的风这样说。
你的颈子——你可听见——是空气

---

[*] 卡尔·克罗洛，生于一九一五年，联邦德国诗人。曾受法国阿波里奈尔影响。译过法语和西班牙语诗作多种。中译来自《我坐在这里，等待，等待》（外国文学出版社1989年版）。

做的,
那像鸽子似的滑过蓝叶的网眼的空气。

你抬起了脸。
它在砖墙上又一次显得像影子。
你真美。你真美。
我在你身旁的睡眠凉如水。
我悄声对你讲话。
于是夜晚破碎如苏打,又黑又蓝。

约翰奈斯·波勃洛夫斯基[*]

鸟巢

我的天空
和你的天空互换,
连我的鸽子
现在
也飞在你的鸽子上面,
我看见两个影子
落
在燕麦地里。

我们交换
我们的眼睛,
我们找到
一个过夜处:
兴奋起来,

---

[*] 约翰奈斯·波勃洛夫斯基(Johannes Bobrowski,也译为约翰内斯·博布罗夫斯基,1917—1965),生于东普鲁士蒂尔西特,幼年移居刻尼希堡。第二次大战服兵役,一九四五到一九四九年在苏联当俘虏。后返民主德国,从事出版工作。晚年成名,诗作成就为德语国家所公认。中译来自《请向内心走去——德语国家现代诗选》(湖南人民出版社1988年版)。

我们说着
(像讲一个故事)
半句话
绿色的,
我听见:

你的嘴
衔着羽毛和树枝
讲着鸟语
落向了
我的眉梢。

以你的声音[①]

以你的声音
杨柳一直讲着
到深夜,星星
围着它飞。
高处有一朵水生花
从黑暗中移过。
河流以它的动物
呼吸着。

在鸢尾花里
我有我编织成的房屋。
蜗牛

---

① 中译来自《世界爱情诗荟萃》(北岳文艺出版社 1988 年版)。

致后代

听不见
爬过了我的屋顶。
画进了
我的手掌,
我找到了你的脸。

斯密斯[*]

马莉安，这是你的

你是雨味
你是春天：

你是春夜
在小草上

你是草床
在风中

你是风歌
在杨柳上

你是杨柳
在嫩绿中

你是绿谷

---

[*] 斯密斯，当代英国诗人。中译来自《世界爱情诗荟萃》（北岳文艺出版社 1988 年版）。

和夜雨——

你是雨味
你是春天

埃尔斯·拉斯克 – 许勒[*]

一支恋歌

自从你不在，
城市就暗了。

我收藏着
你在下面散步的
棕榈的影子。

我不得不一直哼着
一支微笑地挂在树枝上的曲调。

你又爱我了——
我该向谁诉说我的迷醉？

向一个孤儿或者一个
在回音中倾听幸福的新婚者。

---

[*] 参看反法西斯诗篇作者简介，中译来自《请向内心走去——德语国家现代诗选》（湖南人民出版社1988年版）。

致后代

我总会知道，
你什么时候想念我——

那时我的心变成一个孩子
啼哭起来。

在沿街每扇门前
我游荡着并且梦想

并且帮助太阳描绘你的美
在所有房屋的墙上。

但我缺少
你的形象。

我缠绕着细高的圆柱
直到它们晃动起来。

到处是红鹿，
我们的鲜血之花；

我们潜入了神圣的苔藓，
是用金羊羔毛做成的。

如果有一只老虎
伸展它的躯体

在把我们分开的远方，

像伸向一颗近处的星。

在我的脸上
早就吹拂着你的气息。

赖内·孔策[*]

爱　情

爱情
是我们身上的一株野玫瑰
它扎根
在眼睛里
当它遇见被爱者的凝视
它扎根
在脸庞上
当它们感觉到被爱者的呼吸
它扎根
在手臂的皮肤上
当被爱者的手摸到了它
它扎了根
它生长着攀援着
于是一个晚上
或者一个早晨

---

[*] 赖内·孔策(Reiner Kunze, 1933年生), 民主德国诗人, 矿工家庭出身, 曾从事新闻工作和翻译工作。自传《奇异的岁月》在联邦德国出版, 获毕希纳文学奖。中译来自《请向内心走去——德语国家现代诗选》(湖南人民出版社1988年版)。

我们只感到:
它要求
我们身上的空间

爱情
是我们身上的一株野玫瑰
它不为理智所了解
也不隶属于它
但理智
是我们身上的一把刀

理智
是我们身上的一把刀
为玫瑰切掉
一百根枝桠露出
一片天空来

尼古拉·扬可夫·瓦普察洛夫*

离　别

——给妻子

有时我在你睡着的时候来了，
一个不速的客人。
不要把我留在外面街上，
不要关上了门！

我将悄悄进来,轻轻坐下，
在黑暗中凝望着你。
然后,当我的眼睛望够了，
我将吻你一下就走。

---

* 保加利亚杰出诗人,参看反法西斯诗篇作者简介,中译来自译者一九五三年手稿。

儿童诗

阿德尔贝特·夏米索[*]

巨人的玩具

尼德克城堡在传说的埃尔撒斯名声卓著,
从前巨人们的城堡就在那高处,
它现已倒塌,那处所荒凉而空旷,
你打听巨人么,他们没有留下任何迹象。

一天从那城堡走下来巨人小妞儿,
她没人照料,独自在门口散心逗留,
接着又下坡一直走到谷地,
好奇地打听,下面究竟有什么玩意。

她快走了几步,穿过林区,
朝向哈斯拉赫不久走进人类的境域,
那里的城市、乡村和耕种了的田园
简直像奇异的世界出现在她的眼前。

---

[*] 阿德尔贝特·夏米索(Adelbert von Chamisso,1781—1838),德国作家,自然科学家,出身于法国贵族,名著有《彼得·史雷米尔奇异的故事》。
本诗因湖北少年儿童出版社二〇〇七年邀约《德语儿童诗》而翻译,后收入《小时候——绿原作品选》(长江少年儿童出版社 2016 年版)。

此时她往脚下四处探寻,
看到一个农夫在地里耕耘;
那样一个小生物爬行而来,
阳光下犁铧闪闪发光,真奇怪!

啊,美妙的玩具! 她喊道,我把它带回家。
她跪了下来,灵巧地铺开她的小手帕,
又用双手把这活动的一切归拢
放在小手帕里,再把它折叠一下;

可想而知,她高兴得又蹦又跳,
飞快地赶回城堡,去找老父:
哦父亲,父亲,一个绝妙的玩具!
我在高山上从没见过这样的怪物。

老人坐在桌子旁,饮着凉酒,
惬意地望着小女儿,向她问原由:
你用手帕包来什么一个不安定的东西,
高兴得蹦蹦跳跳? 让我瞧瞧什么玩意。

她于是打开手帕,细心动手,
把农夫陈列出来,还有犁铧和牲口;
她把一切放在桌上,细致地安排,
然后拍着双手,又蹦又跳,笑逐颜开。

老头儿竟然认真起来,摇头细说端详:
这可不是玩具! 你搞的什么名堂?
你从哪儿拿来的,赶快送回哪儿去。

你脑子里想些什么,这可不是玩具!

赶快听话,去执行我的教导;
没有农夫,你就没有面包;
农夫骨子里才长得出巨人的氏族,
农夫可不是玩具,是我们的创世主!

尼德克城堡在传说的埃尔撒斯名声卓著,
从前巨人们的城堡就在那高处,
它现已倒塌,那场所荒凉而空旷,
你打听巨人么,他们没有留下任何迹象。

路德维希·乌兰德[*]

西格弗里德的剑

西格弗里德从小就自负,
他从父亲的城堡里走出。

不愿在父亲家里停歇,
一心想出门游历世界。

不少高贵骑士他都遇见,
都佩有厚盾牌和宽宝剑。

西格弗里德只带一根棍,
这真让他又痛苦又伤心。

他走进阴森树林深处,
不久来到一个铁匠铺。

---

[*] 路德维希·乌兰德(Ludwig Uhland,1787—1862),德国诗人,语言学家,浪漫主义施瓦本诗派成员。这里两首诗因湖北少年儿童出版社二〇〇七年邀约《德语儿童诗》而翻译。

那里他看见许多铁和钢,
一炉快乐火焰烧得正亮。

"哦,师傅,师傅,亲爱的!
请把我收进门来做徒弟!

请费力细心把我指导,
一柄好宝剑怎么铸造!"

西格弗里德挥舞铁锤打铁砧,
把铁砧一下打进了地心;

他打铁打得满林子震响,
铁块变成铁屑四处飞扬。

他从最后的一根铁棒
打出一柄剑又宽又长:

"我铸出了一柄好宝剑,
跟别的骑士一样体面;

我战斗可不次于别的英雄,
能打倒森林、原野的巨人和龙。"

施瓦本的新闻

尊贵的红胡子皇帝
驾临了神圣的国土;

他须带领虔敬的臣众
穿过荒芜而空乏的山岳。
那里出现了巨大的困难，
有许多石头却没有面包，
而一些德国的骑士
竟在那里无法饮水；
使马匹胃里如此衰弱，
骑士几乎只能骑着驽马。

且说来了一位施瓦本先生
身材高大，手臂强壮；
可他的小马却又病又弱，
他只能抓住笼头牵它行走；
他从没有放弃过它，因为
它为他付出了自己的一生。

不久他在大队人马后面
留下了一桩英雄行动；
突然间横向飞驰而来
五十名土耳其的骑兵。
他们开始向他放箭，
还将长矛向他身后投去。
勇敢的施瓦本毫不在乎，
依然一步步走自己的路，
让他的盾牌插满了箭矢，
只是嘲讽地四下观望，
直到以后很久，有一个人
向他挥舞弯着的马刀。

这时德国人热血沸腾
他准确地击中了土耳其马匹,
一下子把它的两条前腿
砍了下来。
他用力握住他的剑
把马匹砍倒,
又把剑挥向骑兵的头,
一直砍到马鞍前桥上,
把鞍子砍得粉碎,
深深砍进了马背;
他再向左右观望,
有一半土耳其骑兵落马。
另一半胆战心惊,
他们向四面八方逃窜;
每个碰着他的人
头和身子都被砍断。

接着路上来了一群基督徒,
他们也停留在后方;
目睹了我们英雄的业绩,
他们思索而后传扬。
皇帝听说了这件事,
让施瓦本来到他的面前;
他说:"请讲讲,高贵的骑士!
是谁教授了你这种功夫?"
英雄思考了片刻说道:
"这功夫在我们这里并不特殊;

可以说在全国尽人皆知：
人们干脆称它为施瓦本功夫。"

约翰·戈特弗里德·封·赫尔德[*]

魔王的女儿

奥洛夫先生这晚这远把马骑,
去邀请客人参加他的婚礼。

小精灵跳舞草地绿油油,
魔王的女儿向他伸出手。

"欢迎欢迎,奥洛夫先生,来去匆匆又何苦?
请加入队伍跟我一起跳个舞。"

"我不敢跳舞,我也不愿意,
明朝是我结婚的佳期。"

"听着,奥洛夫先生,请跟我跳一次,
我送你一对金马刺!"

---

[*] 约翰·戈特弗里德·封·赫尔德(J. G. V. Herder, 1744—1803),德国哲学家,德国浪漫主义奠基人之一。本诗因湖北少年儿童出版社二〇〇七年邀约《德语儿童诗》而翻译。

"我不敢跳舞,我也不愿意,
明朝是我结婚的佳期。"

"听着,奥洛夫先生,请跟我跳一段,
我送你一件绸衬衫!

绸衬衫又白又精细,
是我妈用月光漂白的。"

"我不敢跳舞,我也不愿意,
明朝是我结婚的佳期。"

"听着,奥洛夫先生,你跟我跳一跳,
我送你一个黄金的头脑。"

"黄金头脑,我倒肯领受,
可我不敢跳舞,我也不能够。"

"跟我跳舞,奥洛夫先生,你要是不愿意,
瘟疫和疾病就会找上你。"

她给他心头猛地一戳,
他可从没觉得这样疼痛过。

她把吓白脸的他往马上一丢,
"骑回家去找你珍贵的小妞儿!"

等他来到自家门口,

他妈望着他直发抖:

"听着,我儿,快告诉妈,
你脸色惨白、神情没落为的啥?"

"孩儿脸色惨白、神情没落,
只因撞进了魔王的王国。"

"听着,我儿,样子放潇洒,
我该跟你的新娘说点啥?"

"你跟她说,我就在林子里
在那里排练我的狗和马匹。"

第二天一清早,天还没大亮,
送亲人吹吹打打送来了新娘。

他们带来蜂蜜,他们送来酒浆;
"哪儿是奥洛夫先生,我的新郎?"

"奥洛夫先生,他骑马去了林子里,
他在那里排练他的狗和马匹。"

新娘听了脸色绯红不胜惊疑——
奥洛夫先生躺在那儿断了气。

古斯塔夫·施瓦布[*]

骑士与博登湖[①]

骑士骑过了明亮的山谷,
雪原闪烁着阳光,一片模糊。

他汗流浃背,骑马小跑,穿过冷雪,
今天还想赶到博登湖停歇;

今天还想和马一起上安全的小船,
夜前或夜晚赶到对面上岸。

崎岖的道路充满绊脚石和荆棘,
他骑着健壮的骏马奔向野地。

从高山出来,走进了平原,

---

[*] 古斯塔夫·施瓦布(Gustav Schwab,1792—1850),德国作家,出版诗集《博登湖》(1827)、《席勒传》(1840)及《德国诗文选》等。本诗因湖北少年儿童出版社二〇〇七年邀约《德语儿童诗》而翻译。

[①] 博登湖,又名康斯坦茨湖,位于瑞士、德国和奥地利三国交接处,莱茵河流经此处,海拔三百九十九米,面积五百三十六平方公里。

他看见雪花飘舞如沙粒飞旋。

身后村庄与城市远远在缩小,
平坦的走道,加上光滑的跑道。

在广阔的平野没有山丘,没有庭院,
树木消失了,岩石也不见;

于是他飞行了一里、两里远,
听见空中有雪雁在呼唤;

黑凫飞舞起来,便飞个不停,
它的耳朵听不见别的声音;

它的眼睛望不见徒步的旅人,
他走上了正路,他自己相信。

在白雪上继续走着,像在天鹅绒上,
水何时潺潺作响? 湖何时闪闪发光?

黄昏提前而降,
远远闪现一道灯光。

一株株树从雾中升起,
山冈将遥远地带关闭。

他感觉地上石头和荆棘,
他给马踢着尖锐的靴刺。

群犬狂吠冲着马匹,
在向村里安乐窝示意。

尽管湖上,湖上,发生什么事情,
姑娘,你可在窗口把他欢迎?

少女惊讶地把骑士细瞅:
"你身后是湖,还有轻舟。

冰层没有把它全遮掩,
我说,你快从小船跨上岸。"

陌生人毛骨悚然。呼吸困难:
"我骑马过来,从那边平原!"

少女听了不觉把胳膊高举:
"天老爷!你真骑过了湖!

在深渊,在无底的湖中央,
坚持了飞快马蹄的碰撞!

湖水没有在你脚下怒吼?
冰层没有在下面裂口?

你没有作为粮食喂沉默的一窝?
冷流里饥饿的梭子鱼可多!"

致后代

她接着呼喊向村里传信,
围着他来了儿童一大群;

母亲们,老人们,聚集在一起:
"幸运的人,是的,我们祝福你!

靠近蒸腾的餐桌,靠近火炉,
和我们一起切面包,一起吃鱼!"

骑士在马上浑身冻麻,
他只听见第一句话。

他的心几乎停顿,毛发向上直翘,
还有可怕的危险紧贴他身后冷笑。

他的目光只看见可怕的深渊,
他的灵魂已向黢黑的湖底沉陷。

他满耳隆隆如裂冰哗啦作响,
他浑身大汗淋漓如波浪流淌。

这时他从马上跨下来,不禁叹息,
他终于在湖岸有一块干燥的墓地。

恩斯特·扬德儿[*]

在美味食品店

请给我一份盒装的五月牧场[①]
放得稍高点但别太陡
这样好在上面坐坐。

嗯,也许还要一个雪坡,冻得硬邦邦
没有滑雪运动员,那儿还可以摆
一株覆盖着美丽积雪的杉树。

要不。剩下的是——我看见你那儿挂着几只兔子。
两三只就够了。而且当然还要有一个猎人。
可猎人挂在哪儿呢?

---

[*] 恩斯特·扬德儿(Ernst Jandl),生于一九二五年,德国具体诗运动主要代表,热情从事音响诗创作。其音响诗朗诵在欧美各国很有名,但也用其他形式写作。中译选自《欧洲现代十大流派诗选》(上海文艺出版社 1991 年 12 月版)。

[①] 文中描写的是用蛋糕制作的风景。

威廉·巴恩斯[*]

母亲的梦

昨夜我入睡了
做了一个梦,
哎,醒来泪水涟涟,
为了那伤心的一幕:
我梦见我的亡儿
他已然弃我而去;
我不是没有孩子,
就是留不住。

我于是走到天上
去把我的孩子找寻,
却见走来一队儿童
又美又温顺,
每人穿着白衣像百合
手里提着一盏亮灯;
看来个个轮廓分明,
可都默不作声。

---

[*] 威廉·巴恩斯(William Barnes,1801—1886),中译来自译者手稿。

天可怜见,我的亡儿
终于来到我的身旁,
他手里也提着一盏灯
哎,可是没有点亮;
为了解释我的疑惑,
他掉过头来对我讲,
"是你的泪水浇熄的;
妈妈,切莫再悲伤。"

约翰内斯·R.克勒 + 奥斯卡[*]

像你我一样的动物

想要讲述人类的弱点，或者说明普遍的生活智慧和生活规范，自古以来我们就已经在借助于动物了。画家和作家更是经常利用动物来为人类举起一面镜子。这常常是一面哈哈镜，与其题材相似的人们，未必能立即从中认出自己来。但仔细一瞧一想，就可以发觉和知道，它究竟是指谁或者指什么了。众所周知，一切事物以幽默处之为妙，优秀的漫画和诙谐的诗篇，比起高举的食指(意指责——译注)和深奥的道理要有效得多。

海因茨-格奥尔格·克勒斯博士
柏林动物园园长

---

[*] 《像你我一样的动物》德文版系两册诗画合璧的艺术品，很难说以诗还是以画为主。但因原版把画放在诗的前面，这里且先介绍画家奥斯卡的自白："请允许……(让我先说,我的画名叫)奥斯卡,按照身份证,叫'汉斯·比尔布劳尔',54岁,老柏林人,在韦丁长大。——虽说我欢喜画画,可在学校里对它还一窍不通,一直是个门外汉。学过四年平版画家的行业,还上过柏林文科夜校。我没有读完造型艺术高校,因为我被一次入伍通知给叫走了。——当我重新开始独立思考时,我决心把一切困难等闲视之。——可这句幽默在我是认真的。"再来读读诗人的自白："朋友们管我叫约翰内斯·R.克勒,我想我是1933年生于巴得·基欣根,是真正的法兰克人。人们可以称我为一个东方壁毯专家,音乐制造者,诗歌锻工,他们的感觉世界从最强烈的浪漫主义一直伸展到不堪忍受的低能行为。…… 我开车,我的精神也在散步,我在作诗。"

上部:小动物

牛　蛙

一只牛蛙,从没有人相信它
在交响乐团拿爵士乐叽里呱啦。
它却鼓起了天大的气泡一对,
神迷心醉地大吹特吹。
从它鼓胀的颈脖吹出
"新奥尔良心灵感伤曲"。
又是 soul 又是 beat,①时冷又时热
呱呱叫着就像埃拉·菲茨杰拉德②
带着手帕,又戴圆礼帽
就像阿姆斯特朗③吹起了长号。
他拼命吹奏着又跳又唱
直到气泡啪啦一响——

* *

是呀是呀,吹得太大,
往往就会吹炸。

金龟子

五月天,黄昏天,
金龟子飞得愉快

---

① soul,英语,黑人种族自豪感;beat,英语,打拍子。
② 埃拉·菲茨杰拉德(Ella Fitzgerald),美国女歌唱家。
③ 阿姆斯特朗(Armstrong, L. D. ,1900—1971),美国著名黑人爵士音乐家。

又清闲。
它高兴太阳快下坡：
"过得自由，多么快活。"
正当它往大地上一落
来了一个人伸手把它捉
还把它塞进了一个盒
"你可知道他想干什么？"

   *   *

一些人简直毫无道理
把它关在一间黑箱里。

衣　鱼

一条衣鱼①来自西西里
纺织品买卖做得很得意。
毛料、皮料和真正的厚呢
做成壁毯给蛀得真精细，
一坨坨零售起来真方便。
周围看客个个傻了眼，
忙用喷壶给它当头浇，
一下子结束糟心的烦恼。
只有一面招牌昭示同行：
"本店因丧事即日关张。"

   *   *

刚偷到手就拿来卖，
日子只会越过越坏。

---

①　衣鱼,即蠹鱼,一种昆虫。

蚜 虫

穿绿工装裤的蚜虫真快活，
坐在茎上大咂特咂胡椒薄荷。
不幸有点口臭难闻，
只好为此到处爬行。
人们对它从不过问，
更没人想和它亲吻。
现而今一切痛苦完结，
空气新鲜，呼吸纯洁。
先前它什么也说不上，
现而今可成了国王。

* *

最小最小动物的身上
也会发挥巨大的影响。

土 鳖

一条土鳖小又小，
运气好得不得了。
尽管穿着链式衬衫，
屁股给压在石头下面。
拼命叫喊它也没法
凭自己力量来摆脱它。
正当它打算逆来顺受，
一个小子滚来一个小石头。

　　　　* *
如不能前进,还是呆着好,
说不定会碰上一份好运道。

蟋 蟀

一只蟋蟀惊慌万状地哭诉,
她不幸由于弹奏过度
把她的大腿擦破了皮。
这是怎么搞的呢?
原来她想捞个世界第一
把提琴拉得赛过帕格尼尼。①
现在可怜小妞儿一身
只剩下破伤风和药粉。
　　　　* *
真正的艺术必须受苦,
这是不可避免的规律。

跳 蚤

跳蚤在马戏团当明星演员
忽然间失业、下岗没事干。
人们冷淡无情地对它说道:
"我们很抱歉,你已经老了。"
尽管当年它是伟大的英雄,
马戏团帐篷里叫座的节目。

---

① 帕格尼尼(1782—1840),意大利著名提琴家。

现在人们已经另请了一位,
它只好垂头——自认倒霉。

* *

你的大好时光既然消失,
只能无所事事扳扳手指。

蜘　蛛

地窖里,真是笑死人,
一个蜘蛛在弹奏木琴。
每只脚穿靴还带钉,
别的蜘蛛侧耳倾听
还喝彩鼓劲:"向前奏,
把你的本领拿出来——刮奏①。"
于是钉靴在木琴上到处遛,
嗖－嗖－嗖——嗖嗖嗖
直到突然间,真倒霉,
遛折了瘦细的蜘蛛腿。
有两条留下来完好无损,
继续弹下去——闻所未闻。
可她弹得真令人烦闷,
一个劲儿重复三全音程。
先是"喝"加"否",再是"非"和"切"②——
让蜘蛛们掩住耳朵叫苦不迭。
大家悄没声儿从地窖溜光:

---

① "向前奏"(Avanto),"刮奏"(glissando),意大利语,音乐术语。
② "喝""否""非""切"均系三全音程中难听的音。

"且让她一个人独自去织网。"

*　*

大伙儿要是对你感到无聊,
会让你一边呆着,形影相吊。

蛾　子

一只蛾子坐在衣柜里发呆,
觉得自己病得实在很厉害。
他呻吟:"痛啊痛,肚子好痛!"
大家急忙把他往医院里送,
并用仪器给他把胃抽干。
最后抽出了一个小标签:
"真正合成纤维①——代替羊毛。"
"何苦乃尔?"人们这么问道。

*　*

有道是:谁自作孽,
谁就跟着要吃瘪。

毛　虫

在一个甘蓝叶球上,多受用,
一只毛虫坐在厚厚的叶片中。
吃呀,吃呀,吃呀,吃呀——
毛虫的胃口就有这么大。
吃到剩下来的已经不多,

---

① 暗示蛾子"肚子痛"是吃了合成纤维。

便在一堆废屑里到处搜索。
毛虫弓着背孤零零坐着,
不觉变成蛹躲进了茧壳。
小家伙到明年这个时节
是一只十分美丽的蝴蝶。

* *

看起来像个缺陷。
到头来倒很美满。

蚯 蚓

一条蚯蚓躲藏起来,
用泥土把全身遮盖,
免得有人发现了他。
这时来了一只北京鸭
眯起细眼正好瞧见
埋着露出来的小尖尖。
便一口咬住往外提
仿佛是个拉力器。
刺溜一下他离了窝,
再也没有地方躲。

* *

吃你的人想把你来捉,
你怎么躲也躲不脱。

蟑　螂

一只蟑螂打扮得漂亮
按照想象装模作样,
想坐大型喷气机旅行
还想吃头等舱的点心。
空中小姐殷勤又周到,
一眼瞅见这个小坏包
便喊道:"鬼怪! 鬼怪!"
忙把这家伙扔出了窗外。
怎么回事还没搞清楚,
他在高处就化为空无。

* *

装模作样,超过自己,
只能算是低级的诡计。

家　蝇

一只家蝇,真是坏运气,
被粘在装果酱的罐子①里。
他用腿一个劲儿乱蹦乱跳,
先有六条,后来只剩一条。
稠稠果酱里还插着胳膊,
怎么越插越黏越摆不脱。

---

① 玻璃罐上的标志为:"禁止偷吃。"

满罐果酱粘遍了他全身,
于是死神对他产生同情。
而今他躺着又直又僵,
都只因为果酱而遭殃。

* *

想从甜蜜生活中获到什么,
也得为它付出自己的许多。

臭　虫

一只臭虫藏在沙发丝绒里面,
悄悄燃起了一股爱情的烈焰
对那个长着漂亮头发的男人。
这人应当很快明白她的心,
因为他一想休息就上床,
她就忙不迭扑到他身上
兴致勃勃,感情奔放,
吻他的背,他的腿和胸膛。
那男人再也受不了,只好
一下子把她掐死了,拉倒。

* *

有些事往往自己觉得不错,
其实却叫别人感到恼火。

大　蚊

一只大蚊真是神魂颠倒
在一个秃头上四下舞蹈。

为甜蜜的人血所陶醉
他一味猛叮,津津有味。
可惜他还没有吃得太饱,
秃头随手一拍把他报销。

* *

只有活得比它更久,
幸福才值得人们追求。

蜗　牛

一只蜗牛带着私人住宅
以飞快速度往拐角一拐,
克服了所有的艰难险阻:
"我可打破了世界记录。"
来了个"白鼠巡逻队"队员
在最近一条滑道上把他阻拦。
这完全出乎他的意料,
这时那位护法者笑道:
"伙计,你得离开大街,
因为你走得太慢了些。"
他懊恼地爬着,真恼火,
爬回到原来散步的场所。

* *

生活中人们太容易
过高地估计了自己。

蜜　蜂

一只蜜蜂停在一根玫瑰茎上
穿着丝绒般柔软的迷你衣裳
忙着把甜蜜的花粉采集。
那儿来了两个小淘气，
伸手想对玫瑰不讲礼。
"这么美的玫瑰可别掐！"
蜜蜂防御着刺了他一下，
这一下对她可也要了命，
她自己得为此而牺牲。
试问蜜蜂牺牲有何用，
且看最美的玫瑰红通通。

* *

如果你为信念而生，
就得准备有所牺牲。

知　了

一只知了聒噪叫人受不了，
在一片树叶上吹起进军号。
他简直不能容忍他自己
一生浪费在无聊吹牛里。
他吹着在树叶上摇来晃去：
"天下有谁像我这样欣喜？"
于是他挺起腰杆嘟嘟吹，
吹得鲜血流满他的嘴。

＊　＊
你要有什么充满心胸，
即使受苦也不觉疼痛。

下部：大动物

孔　雀

一只狂妄自大的孔雀，
对妻子刁难又轻蔑，
就是办公室里一些人
也对他们的工作不高兴。
这滑头家伙见上级来到
总会一味地点头又哈腰。
老板虽对他信赖有加，
不料某一天看穿了他。
他终于给炒了鱿鱼开路，
原位置坐上另一位主儿。

*　*

谁要是拍上又压下，
早该及时开革他。

雄　鹅

一只大雄鹅坐着摩托，
进城找对象好不快活。
"只要我开口嘎嘎叫
不愁一只俏母鹅搞不到，
看谁还能把我瞧不起？"
小母鹅们一旁笑嘻嘻：
"你的羽衣一点不干净，
你的土话难听得要命。

赶快回到你的姑妈家,
到乡下去找你的女娃。"
大家马上叫他"滚!"
大公鹅还在打光棍。

* *

如果虚荣装饰你的心,
你会突然变得孤零零。

狼

不久前林子里有条老狼,
毛皮有点发灰倒也不脏。
冲刺起来不再那么灵巧,
原来腰部长了一圈肥膘。
但他彻头彻尾老奸巨滑,
许多牺牲品能手到擒拿。
窍门是:一本正经,装模作样,
就这样引诱了一些小绵羊,
它们大都只因经验不足,
才落得在他爪下粉身碎骨。

* *

灰头发,巧口吻,
为它打开方便门。

母 牛

一头母牛真奇怪,
在草地上把花摘。

公牛问:"这是咋地,
绿油油青草不来吃?"
她抬头把燕子瞅了瞅:
"过七星期我要生小牛。
为了逗逗我的小牛娃,
我得经常给它们送送花。"

* *

谁要是内心里发了痴,
做事就会颠三又倒四。

鸵　鸟

有一种鸟叫"鸵鸟",
本地再也不养了。
"就像带孩子一样累①,
我要飞,高高地飞。"
他往机场跑道走一遭,
想去把飞机瞧上一瞧。
"哈哈,明白了,明白了,
带着一百件行李嗖的向前跑,
然后抬起身子飞进了高空。
棒极了,棒极了,就像在做梦。"
鸵鸟也照样向前猛冲一气,
冲过了旷野,冲过了沙地,
马上冲到了绿洲旁,
劈啪一下——撞断了鼻梁。

---

① 鸵鸟孵化期四十天,雌雄鸟轮换孵卵;一月龄幼雏即能跟成鸟一起奔跑。

他爬起来想了想又哭又闹：
"为啥人们要把我叫作鸟？"
* *
人们经常枉然而又徒劳
按虚名把内在联系寻找。

猫

田庄里住着一只猫，
伸爪就把老鼠捉到，
然后拿到眼前细瞧，
却又不肯把它吃掉。
"这个可爱的小傻瓜，
眼睛圆圆像个小娃娃。
我且给自己买点罐头。"
说着就把老鼠放走。
* *
若能克制自身，
就能同情别人。

老 虎

一只老虎凶狠又顽皮，
打起猎来神经兮兮。
正当他弓身往前一扑，
一只眼睛就开始抽搐。
他发觉之后，不胜恐怖，
仿佛灵魂随着一同逸出。

他急忙跑回家对妻儿说：
"我要瞎了,快救救我!"
其实不过是一次痉挛,
到第二天他就复了原。

　　　　＊　＊

由此可见,不仅小儿为然,
最强者也经常软弱不堪。

犀　牛

犀牛强壮得像个棒球手,
可内心深处可爱而温柔。
但是这个独角动物
心中所以如此恼怒,
因为人类贪得无厌,
追杀野兽十分凶残。
他对这一点感受特别深,
才狂暴起来富于攻击性。
而今捕猎犀牛倒有了口实,
往往把它们甚至折磨到死。

　　　　＊　＊

在一切生物里,
人最自私自利。

袋　鼠

一只袋鼠异想天开,
自以为是个漂亮的邮差,

穿一身制服整整齐齐,
环境效应十分了不起。
还给自己缀上个小铃铛
一蹦一跳响得真叫棒;
背上定音鼓敲得梆梆响,
听起来更让她欣喜若狂。
"叮叮当–咚咚呛–嘀嘀答,
邮差到了,邮差到你家。"
她就这样走街又串巷。
然而现实总归不可忘,
前袋里忽地给了她一撞。
"嘿,妈妈,起床了,天大亮。"
宝宝在为它的权利叫喊,
现实是多么令人心烦。

＊ ＊

想象中栽了一片绿树林,
婴儿一声唤,美梦做不成。

狗

一只高山牧羊狗名叫"阿美利",
是个好家畜,好得真出奇,
论天性可以跟人交朋友。
(否则就不会是我们的狗。)
各种沙拉他都吃干净,
从干面包到覆盆子馅饼,
从果脯蛋糕到八角茴香。
阿美利把它们吃个精光。

他还在花园里趴下来，
亲自来把草莓采；
他的水平真不赖：
喝咖啡单点"迈森"牌。
他简直好到没法说。
人们还是挑到一点错。
妒忌者嚷嚷："可惜不是，
他可从没要过西红柿。
尽管他显得这么壮，
这条狗实在长得戆。"

* *

有人想给你找碴儿，
他总会找到话把儿。

猫头鹰

一只猫头鹰在这尘世间，
对他的命运一向很不满，
因为他过得惶惶不安：
"为啥我夜间才能看？
如果我能白天看个够，
生活岂不过得更对头？"
他在鼻头给自己装配
一个观测器[①]、外加音响玻璃杯。
他在林中试飞跌了个倒栽葱。
从此他变得又瞎而又聋。

---

① 观测器，古代用以观测敌情的一种战斗工具，这里是为了逗乐的胡诌。

* *

在世界各国无论哪里，
能改变生物的只有上帝。

猴

猴子想在评委会面前逞逞能，
便蹦蹦跳跳，又吵嚷又蠢笨，
时而一条腿,时而两条,四条。
"动物里面哪个跳得这样好？
瞧我打着旋子狂舞起来，
把尾巴缠着自己当腰带，
向上一甩甩到树那么高，
还用它给自己找跳蚤。
我可是大总统新上任。"①
评委会却这样评论：
"这位先生在我们国土，
称得上是猴类的耻辱。"

* *

谁想为自己谋取一官半职，
不仅需要运气,还需要才智。

猪

可怜小猪站着被面试。
试官问他许多怪名字，

---

① 猴子身上绶带上的字为"大总统"。

名字不知过去多少年，
小猪听了简直茫茫然，
好比云里雾里乱抓瞎，
谁在嘟囔摩尔斯电码。①
姐姐的朋友是个男子汉，
来帮小猪度过考试这难关。
他知道，在考试委员会
每道答案都有一定成规。
这位亲戚立刻欢呼叫好：
"猪有了猪——通过了。"②

* *

有正确向导陪你出行
奇迹肯定就会发生。

大　象

布鲁塞尔动物园有一头大象
打手势用长鼻左右摇晃，
每个人见了他都在寻思：
"嘿，到底是怎么一回事？
这家伙乱挥舞究竟为了啥，
他是个聋子，还是哑巴？"
于是人们提出许多论点：
后来归纳起来如此这般
他一次吸气不当心

---

① 摩尔斯电码，用点和划表示字母。
② 有了猪，谚语，交了好运。

吸进了一只苍蝇，
它搔得那个大块头
鼻根深处痒得真难受。
一声"阿嚏！"就像"泰山"喊①
把苍蝇喷了出来喷得老远。

* *

有时事情真奇怪，
归根结底很明白。

公　牛

一头公牛会讲拉丁语，
被安排在豪华客房里。
人们把他当金钱来称颂
在世上引起最大的轰动。
全体大众简直着了迷，
个个都对他五体投地。
一个怀疑派真应该咒骂，
眼见为实还要调查调查。
他从尾到头大钻牛角尖，
发现有个发射器挂在角左边。
右边还装了一组电池，
一下戳穿这牲畜的诡计。

* *

人们相信用眼睛看，
这可叫作老生常谈。

---

① "泰山"，美国非洲动物片《人猿泰山》的主角。

鳄　鱼

尼罗河左边低处，
有一条巨大的鳄鱼。
他住在芦苇荡经过训练，
从此属于开发芦苇园。
他无忧无虑，颐养天年，
过了今天，又过了明天。
大家相信他完全驯服。
可是天性却忽然露出，
他一下子，谁又料得到，
就把开发员给吃掉了。

    * *

精神状态可以更换，
原始冲动谁也割不断。

鹿

一头鹿长着特大的角，
在林中吓人地大喊大叫：
"瞧瞧我吧，我最伟大，
还有谁比我更加荣华？"
十分自大、虚浮而骄傲，
他经过矮林一路小跑。
他的妻子聪明，并不色盲，
很快识破了他的假象，
便用一个特殊的记号

对他进行很好的回报：
在鹿角尖端可以看到
还安了两只额外的角。

　　　＊　＊

谁在附近扯起嗓子追赶，
谁在家里一定窝囊不堪。

狮　子

有一头狮子，懒散又稀松，
贪睡，打鼾，让人头痛。
他的格言是："我是国王，
别的一切可别让我忙。
人民必须尽责到底，
我已够受了，我得休息。"
这样过了不太久，
国王挨了一顿揍。
人民劳累过度便造反，
起来把他往国外赶。
虽然贫穷照样留下来，
他在瑞士过得还真不赖。

　　　＊　＊

像这样的人还多得很，
跌倒了总跌得很安稳。①

---

① 跌得很安稳，是说跌得不重，能立即摆脱困境。

威廉·布什

顽童捣蛋记

写在前面

每个德国人都知道马克斯和莫里茨。即使作为"出口货"来说,这两个标准的小坏蛋也可说是"有口皆碑"。但是,须知正是通过这本书①,他们才得以共襄联络各民族的盛举。不论是德语原文,还是相应的英、法、西、意和拉丁语译本,又都靠这些图画得以流传。哪怕只对其中某一种语言略有了解的读者,读起本书来,都会读得开怀大笑。至于每个熟悉多种语言的人,他就越发在这里找到富有文化气的娱乐和饶有趣味的教益。

威廉·布什(Wilhem Busch,1832—1908)的名字,在德国同样是家喻户晓。除了本书,他还写过其他许多连环漫画故事诗,在这一点上,可称得上德国的"笑料大王"。威廉·布什作为画家,更是受到大家的赏识,本书的插图名闻遐迩,就是明证。

《马克斯和莫里茨》的中译本,改名为《顽童捣蛋记》,是译者一九八九年应德国汉诺威市威廉·布什博物馆为该书出版一百二十五周年纪念所约而译的。这个中译本曾被收入同年该馆所编大型

---

① 这本书,指《马克斯和莫里茨》德语原版;中译本名《顽童捣蛋记》(湖北少年儿童出版社 2003 年版),插图采用作者画作。

威廉·布什纪念册中。

译　者
二〇〇三年元月

开　篇

大家想必听说过
顽童故事一大摞！
话说两个坏小子，
马克斯和莫里茨。
正经话儿听不进，
学做好人硬不肯，
循规蹈矩他好笑，
淘气病根改不掉。
调皮捣蛋样样精，
干尽坏事穷开心：
打鸡骂狗把人伤，
苹果桃梨偷吃光——
一帆风顺真得意，
手脚显得挺麻利，
胜似呆坐冷板凳，
一天到黑啃书本。
可惜好景不长久，
请看他俩下场头：
落个粉身又碎骨，
路人听了都要哭。
桩桩祸害记上账，
为人莫学恶模样。

第一回捣蛋

天下妇女懂家计，
劳神费力来养鸡。
养鸡首先为下蛋，
天天下蛋下不完；

打打牙祭在其次，
烤鸡吃上一大只；
最后还有一个宝：
鸡长一身好羽毛，
用来塞枕填被褥，
免得挨冻不舒服。

有位波特老大娘，
不是冬天也怕凉。
她养母鸡三大只，
公鸡带头喔喔啼。

小马小莫起坏心：
"咱俩怎生耍一顿？"

说时迟来那时快，
一个面包切两块，
再切两块成四片，
每片手指那么点。

致后代

两根细绳结中间，
四片面包系四端，
摆在大娘院子里，
眼看就有鬼把戏。

公鸡一见面包片，
扯起嗓子叫几遍：
喔喔喔来喔喔喔，
唤来母鸡一大窝。

公鸡母鸡齐张口，
一口一片叼着走。
摞住舌头咯咯叫，
想逃再也逃不掉。

左拽右扯上下窜，
打了一场拉锯战，
扑腾扑腾飞上天，
大祸临头在眼前！

东边晃来西边荡，
全都挂在树枝上！
颈子越抻越细长，
嗓子越叫越悲伤。

每只临终下个蛋，
一命呜呼真可叹！

这时大娘躺在床，
听见院里闹嚷嚷。
出来一看吓掉魂，
哪有这样怪事情？

"伤心眼泪如泉涌，
竹篮提水一场空。
养鸡前程如锦绣，
好梦到头付东流。"

又心酸来又气恼，
大娘操起一把刀，
割断绳子放下鸡，
免得瞧着心憋气。
愁容满面不开言，
匆匆忙忙回家转。

头回捣蛋得了手，
不信二回肯罢休。

第二回捣蛋

可怜波特老大娘，
缓过气来细思量，
左思右想前后比，
比出一个好主意：
肉肥毛厚蛋又鲜，
可叹一命丧黄泉，

何不加料来烤熟,
关起门来独享受?

旧恨新愁仍不小:
眼见它们赤条条,
拔光羽毛挂烤炉,
哪比当年恁自由:
跑遍院子跑花园,
兴致冲冲扒沙团。

大娘再度放悲声,
小狗一旁直发愣。

小马小莫闻到香,
偷偷便把屋顶上。
穿过烟筒往下瞧,
大肥白鸡共四条:
剁掉脑袋切断颈,
平躺锅里香喷喷。

大娘挥泪把盘端,
且往地窖走一番,
顺手还把木勺带,
掀开坛子舀酸菜。
酸菜烤鸡一锅热——
馋得大娘打饱嗝。

屋顶也在忙不迭,

忙坏两个小饕餮。
小马未雨先绸缪,
事先备好长钓钩。
刺棱一下好运气,
轻巧钓上一只鸡。

刺棱两下钓两只;
刺棱三下钓三只;
最后还剩一只鸡,
顺手一钓不费力。
小狗在旁看得清,
汪汪汪汪叫不停。

小偷得鸡笑开颜,
蹿下屋顶一溜烟。

大娘转来一瞧锅,
目瞪口呆脚哆嗦。
祸不单行命真苦,
丢勺摔盘神无主。
四只烤鸡全被偷,
一腔怒气撒向狗。

"就怪你这小混蛋,
打你一个稀巴烂!"

操起身边大木勺,
抓住狗尾打正着。

小狗嚎叫真个惨,
平白挨揍真叫冤。

且说小偷吃了鸡,
灌木林里来休息,
肚子吃得圆鼓鼓,
四脚八叉打呼噜。

二回捣蛋得了手,
不信三回肯罢休。

第三回捣蛋

村子方圆几百户,
谁人不知羊师傅。
师傅裁剪手艺高,
会做便服和棉袄,
马甲、礼服、节日装、
长裤、绑腿都在行。

量体裁衣钉好扣,
既不肥来也不瘦;
缝好前片缝后片,
里是里来面是面。

师傅做工实在好,
什么活计难不了,
人人见了人人夸,

都夸师傅是行家。

无论男女或老幼,
都愿跟他交朋友。
唯有两个小坏蛋,
一心琢磨来捣乱:
如此这般干一场,
好让师傅出洋相。

师傅门前一条河,
河水哗哗把岸隔。
好在架了桥一座,
南来北往桥上过。

小马小莫恶作剧,
偷偷拿起锯子锯。
呼哧呼哧锯得欢,
桥板锯了尺来宽。

锯罢桥板伸直腰,
冲着对岸高声叫:
"裁缝,裁缝,咩咩咩!
山羊出来把晌歇!"

老羊师傅脾气好,
平日吃亏从不吵,
这次听见咩咩叫,
不由心头怒火烧。

猛地抬脚往外赶,
一脚跨过屋门槛。
又是一声叫咩咩,
一口闷气没法憋。

师傅刚一踏桥板,
咔嚓一声断两半。

坏包"咩咩"不停嘴,
师傅"咕咚"掉下水。

河水呛得正没辙,
河边游来一对鹅。

师傅死命抓鹅腿,
大鹅吓得扑腾飞。

扑腾扑腾飞上岸,
师傅才算脱了险。

师傅遭殃得了病,
肚子痛得真要命,
浑身发冷又发烧,
乐坏两个小坏包。

亏得师娘忙不迭,
赶忙送来热烙铁,

熨熨师傅凉肚皮，
退烧去痛止喷嚏。

不久村里又传遍：
"老羊师傅复了原！"

三回捣蛋得了手，
不信四回肯罢休。

第四回捣蛋

自古常言道得好：
为人不学不知晓，
不光要学 ABC，
百尺高楼平地起；

不光要学读和写，
知书达理不费解；
不光要学九九表，
加减乘除难不倒；

还有一门修身课，
教人言行依准则。
为把课程巧安排，
特聘兰珀老师来。

兰珀老师人人敬，
两个坏包可不听，

挖空心思把人害,
发蒙师长不例外。

兰珀老师年岁高,
平日爱把烟斗叼,
教读教写太辛苦,
抽烟解乏才舒服。

公道自古在人心,
谁个敢欺老年人。
小马小莫真无赖,
花样翻新来使坏,
眼见老师烟斗长,
一心琢磨鬼名堂。

老师正直又善良,
每个礼拜去教堂,
恭恭敬敬琴旁坐,
风琴弹得真不错。

小马小莫脚步轻,
溜进老师小屋门。
桌旁靠着长烟斗,
小马一把拽在手。

小莫手向口袋伸,
掏出一个炸药瓶,
使劲塞来使劲撮,

炸药撮满烟袋锅。

转身回家笑得憨,
教堂礼拜就快完。

尽完神职定定神,
负责锁好教堂门,
提着钥匙挟乐谱,
兰珀老师回家去。

三步并作两步颠,
盼着一袋解乏烟。

问心无愧炉旁坐,
拿起烟斗来点火。

"知足常乐"老师吟,
吞云吐雾真称心。

轰然一声烟斗炸,
晴天霹雳真可怕:
火炉桌椅飞上天,
玻璃茶具玩儿完,
墨水、烟盒、咖啡壶,
乱七八糟摔满屋。

看见浓烟听见响,
众人赶快来帮忙。

只见老师躺地上，
眉毛头发全烧光。

谢天谢地人活着，
就是模样认不得：
满脸满手是黑粉，
活像一个摩尔人。

功课请谁来教授？
谁教孩子写和读？
教堂风琴谁来弹？
公共事务谁来办？
老师拿啥来解乏，
砸了烟锅断了把？

没有别样犹可说，
抽不成烟真难过。

四回捣蛋得了手，
不信五回肯罢休。

第五回捣蛋

谁家没有大老叔，
住在附近是邻居。

只要对他讲礼貌，
老叔总是呵呵笑：

早上见面道声"早!
可有啥事要效劳?"

送报递烟拿纸燃,
老叔对你笑眯眼;
捶捶肩膀搔搔背,
老叔乐得真开胃。

诸如此类小殷勤,
老叔如意又称心。

要是他老闻鼻烟,
喷嚏打个响连天,
应当乖乖凑上去:
"您活百岁多有福!"

要是他老回家晚,
帮忙脱靴把衣掸,
拖鞋、睡衣和睡帽,
扶他穿上不感冒。

尊长敬老理当然,
老叔幸福度晚年。

打斜调歪小灾星,
好话一筐听不进。
菲茨大叔躲不脱,
小马小莫诡计多。

致后代

人人都知金壳郎,
圆圆甲壳紫又亮,
树上树下到处飞,
嗡嗡乱叫显声威。

小马小莫兴致高,
四手合抱把树摇。

随身带来纸口袋,
摇下金虫装起来。

手拿口袋跑得急,
塞进大叔被褥里。

大叔头戴尖睡帽,
打算睡个安稳觉,
钻进被里不吱声,
合上眼睛好做梦。

金虫窸窣往外爬,
爬上被面黑鸦鸦。

金虫排队来冲锋,
冲着大叔鼻孔嗡。

大叔"哎呀"一声吼,
一只怪物抓在手。

大叔闪身跳下床，
寒毛直竖心发慌。

天哪，颈上爬的有，
臀部也有赶不走。

又爬又飞叫嗡嗡，
吵得大叔快发疯。

踩呀蹬呀拍又捶，
一下打死一大堆。

"小小怪物真讨厌，
快快滚你妈的蛋！"

大叔心安再上床，
一觉睡到大天光。

五回捣蛋得了手，
不信六回肯罢休。

第六回捣蛋

复活佳节真喜人，
面包师傅最虔诚。
点心甜香逗人馋，
整整齐齐摆在盘。

致后代

小马小莫流口水:
咋不捞点喂喂嘴?

面包师傅可小心,
门窗锁得特别紧。

小偷要想溜进屋,
得钻烟筒吃点苦。

两个坏包才不怕,
一钻钻成黑乌鸦。

只听扑通一声响,
不料掉进面粉箱。

浑身白面忙站起,
活像两根大粉笔。

八字面包堆成山,
端把椅子把高攀。

咔嚓!——椅子踩断跌了跤;

扑通!——一跤跌进面浆槽。

蒙头盖脑淌浆糊,
两个坏包真发憷。

擦不干净舔着吃,
糟糕来了面包师。

一手一个滴溜转,
两下转成面包卷。

要烤面包火正旺,
送进烤炉正赶趟。

转眼烤得焦又黄,
师傅拽着出炉膛。

估摸他俩膈儿屁,
谁知活得挺得意,
嘎嘣嘎嘣像老鼠,
咬破脆壳溜出屋。

师傅气得跺脚吼:
"两个小贼全逃走!"

六回捣蛋得了手,
不信七回肯罢休。

第七回捣蛋

天网恢恢不可逃,
顽童捣蛋末一遭。

贼心不死大如斗，
粮食袋子捅个口。

袋子扛在农民肩，
扛往磨房磨麦片。

刚一抬脚门外走，
麦粒便从刀口漏。

袋子漏空把头回：
"今天真是见了鬼！"

转身一看心欢喜，
祸害藏在麦堆里。

换个口袋就来铲，
铲进两个小坏蛋。

背起口袋去磨房，
小马小莫心发慌。

农民开口求老板：
这袋粮食快磨完。

老板回答"甭发愁！"
抖搂口袋进漏斗。

喊哩喀喳磨盘转，
小马小莫全完蛋。

可怜他俩碾成末，
又匀又细一撮撮。

老板肥鸭真高兴，
一撮一口吃干净。

收场白

噩耗飞快传村内，
无人一掬同情泪。

波特大娘心肠软：
"何曾料到这么惨？"

老羊师傅感慨多：
"自作自受何须说。"

兰珀老师掉书袋：
"孺子难教实堪哀！"

面包师傅发了言：
"只怪他们嘴太馋。"

菲茨大叔点点额：
"愚蠢玩笑开不得。"

善良农民眨眨眼:
"这可跟我不相干。"

人人扬眉又吐气,
奔走相告好消息:
"感谢老天来保佑,
脓疱到底穿了头!"

雷丁儿童诗选

德国作家约瑟夫·雷丁向中国小读者致意

中华人民共和国的小朋友！

我很高兴,《日安课本》现在用你们美丽的中国话出版了。这是我为全世界所有儿童写的一本书。

我写《日安课本》的动机,是从我自己的三个儿子狄尔、多米尼克和班雅明那里得来的。把儿童和父母联系起来的一根重要的纽带就是语言。当我的孩子叫我的妻子"妈妈"、叫我"爸爸"的时候,我感到非常幸福。而当孩子们提出了最初的问题时,我更感到骄傲。

孩子们想知道,地球为什么围着太阳转,自行车怎么走,怎样去游历世界,怎样煮茶,怎样放风筝,最深的海有多深,最高的山有多高。他们想知道一切。

我总觉得,孩子们发问,是件上好的事情。对于每个孩子的每个问题,都应当给予诚实的答案。因为一个孩子可以通过他的问题,更好地理解环境,更好地认识和熟悉人们,更好地同别的孩子交朋友。如果人们通过问题彼此了解,他们就不会相互怀有恐惧心。凡是人们经常友好交谈的地方,就有谅解,就有和平。

《日安课本》就是想促进这种交谈。这种交谈适用于儿童和父母,适用于家庭和学校,适用于集体和邻居,甚至超过个别民族的界限。

中华人民共和国的小朋友,我在这里同你们说话的时候,特别想起了我一九八二年在你们伟大而奇异的国土第一次旅行时,在北京故宫所见到的一个六岁的中国小姑娘。这个漂亮的小姑娘睁着聪明的大眼睛,沉思地站在皇帝的宝座面前。她右手拿着一根冰棍放在嘴里吮吸着,左手还拿着三根准备再吃的冰棍。她一面吮吸一面凝望,在那里站了好一会儿。

我从前在书上读过,中国皇帝在位的时代,一个普通老百姓如果没有得到允许,哪怕走近了一下宝座,都是要杀头的。可现在,这个小姑娘却满不在乎地、自由自在地站在从前的专制象征面前。她可以不受限制地接触过去和现在。如果这位年幼而自觉的女公民也可以算作我的《日安课本》的读者,我会非常高兴的。

世界上许多作家在他们一生的每一天,都在从事于各民族间的相互了解和维护和平。连我也是从我的第一本书起,就在致力于这个伟大的目标。但是,我们作家如何能够接近世界上所有的人民呢,如果没有辛勤的翻译家的话。所以,我在这篇序言的末尾,愿意向《日安课本》的译者、我亲爱的朋友绿原先生,为他在将这本诗集译成中文的过程中所花费的劳力和心血,由衷地表示谢意。

我希望你们中华人民共和国的儿童在阅读《日安课本》的时候,能感到很大的兴味,并在将来找到一条幸福的生活道路。

你们的朋友:
约瑟夫·雷丁

日安课本

有好多
好多
道晚安的童话
让人困乏

让人迷糊
让人打呼噜
可哪见
那种
道日安的课本
让人清醒,
让人发笑,
让人欢蹦乱跳?

白天,你早!

一起床
你可去拍
白天的肩膀
撞他的肋骨
使劲把他拥抱
还对他说:
"白天,你早!
你可愿意
做我的伙伴
直到天黑了?"
你会吓一跳:
白天多半会
咧嘴大笑,说:
"好!"

鼓 励

问吧,问吧,问问题,
直到人们回答你:
为啥日规不滴滴答答走,
为啥顽石不点头,
可是耳朵长睫毛,
可是恶乌鸦有人打保票?
问吧,问吧,问问题!

问吧,问吧,问问题,
直到人们回答你:
可是开枪开得快
一个男子才算帅,
可是家具擦得亮
一个女人才算棒?
问吧,问吧,问问题!

问吧,问吧,问问题,
直到人们回答你:
爸爸咋的把妈妈娶,
妈妈咋的生了你,
为啥还要设关卡,
为啥今天还要毁庄稼?
问吧,问吧,问问题!

问吧,问吧,问问题,

直到人们回答你：
为啥有人酒醉又饭饱
别人偏得把草根咬，
为啥有人站得那么高
别人走路偏得打赤脚？
问吧，问吧，问问题！

笛 声

一道隔墙后面
忽听笛声悠扬。
不觉有几分惆怅，
于是问道：吹笛人
究竟来自何方？

来自澳大利亚？
还是捷克斯洛伐克？
兴许来自西班牙？
说不定是个蒙古客？

可是一个黄种人
在板壁后面吹奏？
还是一个黑女人
她的笛声更温柔？

要不是个波兰孩
乱吹一通真好玩？
难道还是一阵风

单凭一支空芦管?

嗨,不管吹笛人是远还是近
不管他在什么处所,
重要的是,我们爱听它,
我和我的耳朵!

毛地黄①

——美丽而危险

一朵毛地黄,要是把花开,
至少开出十朵来,
五颜六色响叮叮,
温柔垂首像小铃,
冲着勤劳蜜蜂忙示意:
"快从花萼来饮蜜!"
蜜蜂饮得心满又意足,
嗡嗡飞回蜂房去。
毛地黄开花真带劲,
人和动物都高兴。

毛地黄真好看,
可别把它来折断;
甚至对它别挨近,
免得一挨就生病。
千万还要提防它:
嘴里切勿衔它的花,

---

① 一种多年生草本植物,叶可入药。

那样会出大祸事,
很快会把人毒死。

要跟毛地黄打交道
花友花友要记牢:
可用眼睛欣赏它的美,
得让它远离嘴和胃;
这时双方活得好又长,
咱们人和毛地黄。

我的皮球

没有窟窿
不到一磅
圆咕隆咚
十分健康。

身材矮小
没有脚杆
猛地一跳
跳到屋檐。

裸体赤身
不穿裤衫
五彩缤纷
煞是好看。

算术功课

还有手绢
这个家伙
从不稀罕。

我真巴望
也这么小
一路逛荡
边滚边跳。

可我知道
球是空的
笨头笨脑
没有东西。

让人狠踢
让人猛揍
我可不依
还是照旧。

叫人生病的机器

瞧呀台子上是一部
教人生病的机器!
八小时以内它有本领
让每个健康人成为病人。
它只需要八年时光
让每个病人躺在尸架上。
它用"轰隆!"和"哐啷!"

锥你的耳朵,挤你的脑浆。
它用刺目的火光和电闪
硬把你的两眼钻穿。
一柄摇杆击中你的心窝,
一只抓具抓住你的衣领和颈脖。
捣固机九十马力
砸扁你的脚趾太容易。
如果你还不生病
就有臭气把你熏;
臭气熏天像烂鱼干
包管个个玩儿完。
从早到黑黑到早
四十个人一下病倒了;
做到这点有保证,
机器决计不失灵。
它叫人生病不费力,
还有一点更稀奇:
一旦叫人生了病,
送进医院不关心,
照样只要两礼拜
八十辆漂亮卡车出厂来!

不是超人

你爸爸可不是超人,
不是什么都能行
每个谜语都猜错,
除了煎鸡蛋啥也不会做。

不像卡鲁索①那样唱得好
也不能为金牌去跳高。
更不会大胆骑野马
领着印地安人把野撒。
当然他会修草坪,
修得一个骨朵儿也不留。
而且他还会大声叫,
有时叫得妈妈眯眯笑。
让他在墙上钉个钉
一下子把手砸得发了青。
他一生说来真可笑
动手都是这样糟。

你们每天容忍这些嚷嚷

"咔嚓!"铲土机铲进了废墟。
"轰隆!"有人推倒了一座房屋。
"嘎吱!"汽车来了个急刹车。
"乓乓!"砸将过来了不得。

你们每天容忍这些嚷嚷。
可孩子偶尔发出一声"哞!"
忽然说是闹得慌,
于是就:"真讨厌! 孩子,别——"

"嘘嘘嘘!"喷气机掠空而过。

---

① 恩里科·卡鲁索(1873—1921),意大利歌剧男高音歌唱家。

"嘀嘀嘀!"救火车忙着去救火。
"呜呜呜!"工厂汽笛把人催。
"哐啷哐啷!"是大气锤。

你们每天容忍这些嚷嚷。
可孩子偶尔发出一声"咩!"
忽然说是闹得慌,
于是就:"真讨厌!孩子,别——"

"哦嚎嚎!"足球场上在大叫。
"踢踏踢!"迪斯科在日夜跳。
再听隔壁旅店中
响起了"乖乖隆滴冬!"

你们每天容忍这些嚷嚷。
可孩子偶而发出一声"咩!"
忽然说是闹得慌,
于是就:"真讨厌!孩子,别——"

警察不是大块头

警察不是大块头,
警察不是大公牛。①
警察
不吃人,
只要他

---

① 德语中,警察的浑名为"布勒"或"布勒曼",意即"彪形大汉""大公牛"之类。

一片面包夹咸肉。
警察懂得很多东西：
怎样搬开抛锚车，
怎样利用小情报，
怎样保护小小孩，
怎样把车流来疏导，
怎样逮住狠强盗。
他时而糟，时而好。
他时而勇敢，
时而胆小。
所以他会对你同情，
如果你陷入了困境。
去找他吧，跟他讲来由，
要知道：他可不是大块头。

我的城市

我的城市常常
很脏很脏；
可我弟弟也
很脏很脏，
我却欢喜他。
我的城市常常
爱嚷嚷；
可我姐姐也
爱嚷嚷，
我却欢喜她。
我的城市很沉闷

像我爸爸的声音，
又很明亮
像我妈妈的眼睛。
我的城市和我：
我们是朋友
彼此很熟悉；
可不是点头之交
像那些从远方来的
有时由市长陪着在
大街上逛的朋友。他可
不让他们看见
成堆的垃圾。
我们要把
我们的客人
接到家里，引进
起居室，让他
和我们的垃圾箱
一起休息。
可有时我在
上学之前，
总要敲敲
漂亮灰垃圾桶的盖子，
让它快活响一阵，
还要在垃圾场上
向闪亮闪亮的
白铁罐头扔
一块石头祝福
问好，让它跳个不停。

栽颗心

在我们城市里
人们把
煤矿
给关了,于是
突然有
一千名矿工
失了业。
大家露出
忧心忡忡的脸
说道:
我们城市的
心给人
搞停了。
而今在
旧煤矿里
有了个崭新的
玻璃厂,于是
一千个人
又有活干了。
为城市
栽颗心
成功了:
我们的城市
继续活下去。

谁来洗河流

我们城市里
没有什么垃圾
让我们的卢茨
一气掏到底!

妈妈说的总可靠;
许多脏东西我知道
游泳洗不脱,
喷头冲不掉。

耳朵里的油泥,
屁股上的沥青,
毛孔里的糨糊——
怎么才能揩干净?

鬃刷子,含沙洗涤剂,
加上妈妈的力气;
总有办法弄掉
手上腿上的沥青和油迹。

我总要别人当帮手,
惹得妈妈尽挠头:
谁来清洗这泥浆,
瞧它一盆一盆往外流?

肥皂水又脏又稠
一旦经过水笼头
怎么变得清又亮
真个叫人猜不透?

可有人洗刷过河身
从鲁尔河畔米尔海姆到莱茵?
可有人把水加以更新?
可有人放进了去污粉?

可是妈妈们坐在浴盆里
或者坐在喷头下
把污水猛搓猛擦
用那又大又硬的鬃刷?

今天可有人教我
懂得不犯傻?
我懂了,亲爱的叔叔阿姨,
我给自来水厂打电话!

从多特蒙德到慕尼黑

我们坐
火车从多特蒙德
到慕尼黑
去。半路上
我们看见
莱茵河

和十一个废
碉堡和一个
驿站
和一朵云,
它看来像一只
熊。

我们每个人
吃了
两个鸡蛋
和两个
奶油面包夹
香肠,
还从
热水瓶里
喝
可可。
到了慕尼黑
车门自己
吱吱吱
打开了,
艾格伯特朝
前面火车头
司机走去,抬起
头冲他
喊道:
"谢谢你带
我旅了一趟行!"

我可以告诉你：
火车司机听了
很开心！

这可跟政治有关

沙箱里沙子脏了
什么时候换一换？
集市上厕所臭气熏天，
什么时候也把它冲一遍？
清洁工人罢了工，粪桶偷了闲；
这可跟政治有关

烧暖气的油罐快空了，
再也不能把它们灌满：
酋长们不运油来，
人们满足不了心愿。
我们的油管偷了闲；
这可跟政治有关。

你们的学校太小了，
它能不能扩建？
你们挤在教室里，
它能不能加宽？
如果全体市代表偷了闲，
这可能跟政治有关。

我们家里不兴这个样

我们家里不兴这个样。
我们店子从来不关张。
我们让许多人进我家来。
我们不愿和大家分开。

妈妈今天说:"我生了一个小孩,
不知你们可都愉快?
还是觉得不很舒畅,
因为有什么得和他分享?"

从三月起爷爷变得孤单。
人们对他说:"去进养老院!"
哦嗬! 我们可都还在这里,
得给爷爷留个位子!

爸爸的同事拉多米尔
有时吃饭也留在这儿。
邻居问道:"这样可行?
他们请了外国人!"

我的朋友丹尼尔一次出远门,
扔下他的豚鼠无人问。
于是我们为这可爱的动物
在我们花园里安排一个住处。

我们家里不兴这个样。
我们店子从来不关张。
我们让许多人进我家来。
我们不愿和大家分开。

来 吧！

到我的国土
来吧！
我可以
送你十二幢
房屋
和一座
金山
和三座
宫殿
外加
绸子
床和
彩色电视机
和一块
美极了的
香草布丁；
这一切都是用
最好的
沙做的！

泥巴,沙土和尘埃

泥巴,沙土和尘埃
我一律保护不见外。
可常常听到说:"天啦,
怎么浑身是泥巴,
沙土、尘埃沾满袜!"
求求你,可别这样骂;
终归我们会弄懂:
上帝造人就是用
泥巴,沙土和尘埃,
然后说:"人呀人,变出来!"
为什么泥巴、沙土、尘埃就可羞?
得把这个道理讲清楚:
人就是用脏东西做的[①],那么——
比方说,衣服上留下一小撮
脏东西的残余和痕迹
这本来就……不足为奇。

游手好闲

有时候
人们想
游手好闲
像一个

---

① 语出《圣经》。

积水函
在阳光下面，
像一架
割草机
在冬季，
像一盏
台灯
在白天。

如果动物用我们来做我们用它们所做的东西

如果有人
走进了
熊先生的
住宅，
马上看见
进门左边
站着一个
剥制了的
科仑人
而火炉
上面钉着
一个东弗里斯兰人[①]
的脑袋，
两个熊太太
在谈天：

---

① 弗里斯兰属荷兰。

"您脖子上
可是披的
爱斯基摩人皮?"
——"不,
我还是
欢喜用
光滑的
巴伐利亚佬!"

传　单①

"本地拥有许多名胜风光!"
——且听一张传单细说端详。
"一座博物馆装满旧兵器,
一块战功碑在把功劳记,
一个剧场坐两千人都够,
一间蒸汽浴室能把胖子蒸瘦,
一个有花斑牛的动物园,
外加展览图画的美术馆。
一切井井有条——完结!"
——有问题该不该再问一些?
养老院的情况怎样了?
学校里的秩序好不好?
客籍工人过得坏不坏?
地铁的列车还开不开?
巴士车票多少钱?

---

① 每座城市介绍本市概况的纸质资料。

哪儿能容流浪汉?
钢厂高炉冒的烟
又黑又粗为哪般?
——难道这一些问号
能从传单上给删掉?

不像话

有时候想开开玩笑:
想在祈祷时咯咯直叫,
想在进餐时做做怪相,
在灰星期三①装模作样;
这一套实在不像话,
可人们偏爱来一下。

复活节想买炮仗
圣诞节想大闹一场,
夜晚想出门散步,
白天想观看星宿;
这一套实在不像话,
可人们偏爱来一下。

想在生日哭鼻子,
想扮个鬼去把人吓死,
想学坏蛋恶作剧,
快把老师变老鼠;

---

① 灰星期三,基督教徒忏悔的日子。

这一套实在不像话,
可人们偏爱来一下。

姑娘,别指望王子!

没有王子会来把你搭救,
如果你在昏睡中送走春秋,
如果你不运用脑子,
老把思考推向明日。

没有王子会来把你拥抱,
从现在起就得开步快跑。
自己挣脱自己的长眠,
否则你仍是个可怜的笨蛋。

没有王子会来送你一个吻,
别因忧伤送了你的小命;
也没有王子打这儿走过,
把你从锅台带到宝座。

你可以自己建立生活,
必须自信有力量这样做。
今天就得去尝试尝试,
别指望童话书里的王子!

一份电报

"是个胖丫头,十分健康,

一称有七磅!
请火速光临,
敬备小香肠和蛋羹!"

一位电报投递员
送来这个消息是八点。
电文可是六点半
——真像着了魔一般——
是胡伯特叔叔发的报;
我可瞧了一下表。
这就是说:一个半小时之内,
这些字走了这么远,嘿!
从北海走到美因。
这怎么可能?

我问过邮递员。
他告诉我如此这般:
"一份电报那么快到达各地,
因为——上面的确有字迹——
它是一封没有纸的信,
信文嗖的一下飞到你手心!
——还不懂吗? 可别追问了!
你不如把字写上一张纸条,
跑到邮局去,那里可以发电报。
字在那里变成了符号
像电粒子一样被处理掉。
于是它们以电闪的速度
一下子飞遍了整个地球。

到了收报人的地段，
符号便被接受完全，
接着变成可读的句子
并给送到准确的地址。"

"没有纸的信？请问谁是发明家？"
"塞缪尔·莫尔斯①！
——他有十二个娃娃。"

教我儿子走路

把这只小腿放在那只前头，
当心路上的小石头！

小石头会变成石蛋蛋，
小腿儿会变成腿杆杆。

你走路不会孤单单；
还有许许多多腿杆杆，

许多腿在世上走去走来，
有些腿总想对你使使坏。

有一条把你绊倒了：
这里，那里，到处让你跌一跤。

---

① 塞缪尔·莫尔斯(1791—1872)，美国艺术家兼发明家，电报的发明者。

腿伸进了精致的网状袜,
你会跌跌撞撞去追它。

腿伸进了皮筒子,
那么,留点神,小伙子!

穿靴子、镶花边、带马刺的腿,
谁爱上它谁就要倒霉。

很快会在屁股上挨一蹬,
不得不到沃尔霍夫①去过冬。

谁僵直而傲慢地正步走,
谁的腿——就是用木头做!

把这只小腿放在那只前头,
当心路上的小石头。

互相关联

我看见
一块奶油蛋糕加草莓,
可谁在嘀咕呀?
不是我的眼睛,而是我的胃。
有人捏了一下我的
　屁股,可谁泪水涟涟?

———————————

① 沃尔霍夫,俄国城市,位于拉多加湖南部。

不是我的屁股,而是我的
　　两只眼。
怎么这些东西
彼此相隔很远
却又密切相关？
例如我的鼻子和
　　我的胖脚丫！
昨天我的脚
　　着了凉,今天我就
　　鼻涕直滴答。
要是我的鼻子
　　着了凉,我的脚
　　可该咋的？
是不是它也
　　打喷嚏？

魔术师？

魔术师出不了奇迹；
他从帽子里掏出了白鸽,
其实他先就把它们藏好,
它们和别的破烂货色。

魔术师从鼻子里拿出钱来？
他先就把它捏在手里！
他把花变进了花瓶？
花原来就在袖筒里。

魔术师不过搬弄指头
要比你我快上一着；
要是舞台上更亮一点，
他很快就会露出马脚……

……露出他诡计多端的花招！
他从右边在你眼前挥舞招摇，
从左边却十分灵便
从你口袋里掏走了钱包。

许多人装作魔术师
其实不过是江湖骗子，
除了虚张声势啥也不会；
你会经常遇见这档子事。

骗　局

来吧，咱们来撒个弥天谎：
爸爸尿在尿布上，
妈妈穿上了铁裤腿，
奶奶在一旁吃玫瑰。
我们老师偷宝珠，
牧师吻了老姑姑。
客籍工人混到部长级，
英语的 sister[①] 是"兄弟"。
月亮大过了地球，

---

① 原意为"姊妹"。

一群羊只有两头。
抢银行的强盗把钱还给了银行,
医生从不生病,一直很健康。
飞机驾驶员可以老睡觉,
轮船什么码头也不要。
父亲们会把孩子生,
珠穆朗玛峰会飞腾。
砍柴人叫作宇航员,
沙漠里可把圆顶冰屋建。
最后最岂有此理的是,咳,
复活节的彩蛋没有一点彩!

一只新老虎

狄尔创作了一只
新老虎。
它有一部
红胡须。
我整天
都在琢磨:
红胡须
像个
啥玩意?
是熊
还是老虎?
它皮毛上
可有
纹理?

要不,它
前头是棕的
后头是红的?
我问
狄尔,他说:
"怎么,你想到了
老虎?
胡须么,那是
画的
一个人,他
长了一部红
胡须,
不过
如此!"
——真可惜!

电视广告

多米尼克和
班雅明
取笑
电视广告
真开心。
他们说:
所有白色
洗涤粉
请用
最白这一种,

它会
把您的
床单
咬个
大窟窿！
请吃
这种
昂贵的
巧克力夹心，
您会
得上
这样一种
便秘症，
包您
四天之内
厕所
上不成！
那么：
请吞下
更多的
电视广告吧；
如果您的
眼睛
能够呕吐，
它们会
呕吐得
一塌
糊涂！

离 婚

弗雷德的
爸爸
和
弗雷德的
妈妈
离了
婚。
他们说:
住在
一起
受够了,
我们
再不能。

他们
可问过
弗雷德
有什么
意见?
要是问一声,
离婚
也许会
延期
一百
年。

你可有点儿缺陷?

玩具娃娃跌坏了屁股蛋。
她可有点儿缺陷,
你于是说:"真讨厌!"
还说:"漂亮脸蛋玩儿完!"
——可不要哭喊!
不管是折断还是破损,
是疤拉还是裂痕,
是残废还是疙瘩,
都不应当叫骂。
你到大商场里去走一趟,
那里的玩具娃娃一个样。
可要是头上腿上或者屁股蛋
不论哪儿有点儿缺陷,
再加上绸衣服有一条裂缝,
那她真叫作与众不同。
咱们人也是这个道理:
你要有点儿缺陷,真是可喜,
那么你在世上无论如何
决不会让人混淆搞错!

被打扰的桥梁建筑师

奥拉夫·格龙荷姆
在淡绿的、湍急的

特拉－乌姆①河上搭成
桥之前,他被人
拽走了。
很久很久
以后,他才回到
他的工程,
可他忘记了
秘诀;
桥梁再也
完不了
工。
奥拉夫三岁了。
人们把他从
他的桥墩给拽走了
拽去吃菠菜。
有许多
半成品的桥梁
屹立在
淡绿的
湍急的
特拉－乌姆河上。

在月亮背后

一个人懒得动脑子,这情况常有,
人们就说:"你到了月亮背后!"

---

① 特拉－乌姆,德语"梦幻"一词拆开的读音。

可如今遇到这情况，
人们却不这样讲；
因为自从许多宇航员
到月亮的后部观察了一番，
"一个月亮背后的人"①麻利得很
而且头脑也挺灵。

好不容易

我们生活里有许多东西
举起来毫不费力；
我们应当为此鼓舞
不要害怕动手高举。

我们生活里有许多东西
举起来好不容易；
可还是值得夸耀：
要紧的是，到底举起来了。

"假设"先生

家家户户往往
有位"假设"先生帮忙。
他天天出场露面，
他被人人引见：

假设听了忠告。

---

① "月亮背后的人"，德语中一句成语，指脱离实际的人。

假设把房屋做好。
假设多学一点知识。
假设清除了垃圾。

几乎每人一生
都遇见"假设"先生。
有人永远懊悔
一时粗心大意:

假设把漏洞堵紧。
假设果断地敲了门。
假设说了声"哈啰!"
假设大胆一跃而过。

政治家即使再能,
也离不开"假设"先生。
人们不肯认错,
便用"假设"推脱:

假设咨询过人民。
假设让选举暂停。
假设还有一次委任:
"假设"先生就是候选人。

家家户户往往
有位"假设"先生帮忙。
他天天出场露面,
他被人人引见。

天大的秘密

据说有个人
就住在一片
倒立的
树林，
靠他脑子里的
葡萄干
活命。
我到处寻找
他的住址，
因为我想
从他知道
他究竟怎样
从脑子里
弄到葡萄干
填饱肚子。

你怎么支持你的市镇？

你怎么支持你的市镇，
它背上的担子那么沉？
昨天各行各业好气派，
可还有瘟疫和火灾。
昨天权力、面包好堂皇，
可还有战争和饥荒，
这就是你昨天的市镇，

它背上的担子那么沉。

你怎么支持你的市镇，
它背上的担子那么沉？
它今天可还让你喜欢？
它今天可是世界的伙伴？
它今天要用许多机器
为世界各国效力。
它今天做到了，你的市镇，
它背上的担子那么沉。

你怎么支持你的市镇，
它背上的担子那么沉？
它明天是不是让你中意？
未来——还得要靠你：
如果你是个好邻舍，
就不会忘记求助者。
如果你肯招待外国人，
而且平时也欢喜他们。
那么你就支持了你的市镇，
它背上的担子那么沉。

老妖婆瓦克察恩的新闻

老妖婆瓦克察恩[①]
今天该往哪儿送？

---

① 德语"松动的牙齿"的读音。

"送进烤炉里去,"贝尔恩德说。
"送到烧人的柴堆上去,"卡尔说。
"送到海底去,"埃娃说。
"送上法庭去,"汉斯—约阿希姆说。
"送到墓地去,"克拉拉说。
"送到沙漠里去,"赫伯特说,
"那儿可不能有绿洲!"
"不管去到哪儿,她再不能
给孩子们施魔法了!"玛尔塔说。
"不,"恩斯特说,"老妖婆
瓦克察恩今天该送到我们的
牙医赫尔穆特·伯恩斯坦大夫家去
举例说吧。他就住
在拐角,
对付瓦克察恩
可有办法啦,人们
又可以高高兴兴。"
"难道还有让人高兴的
老妖婆?"
"为啥没有呢?"

错位错得古怪的世界

    可以下命令
父亲 必须早上床
孩子 可以做怪相
小丑 必须煮食物
母亲 可以绕月亮

致后代

  宇航员 必须交租金
  奶奶 可以驯狮子
  驯兽员 得有个布娃娃
  少女 可以管国家
  总理 一定是黑的
  黑人 很快会变富
  老板 一定得沉默
  孩子 可以踩草坪
  园丁 到处啃树木
  水獭 不许哭
  青年人 非吃"沙皮"①不可
  狗

别嚷嚷!

你冲我大哭大喊。
叫我怎么办?
且把耳朵塞紧,
也好图个清静!

嚷吧,嚷吧,嚷吧,嚷吧,
嚷得我们头昏眼花;
使劲嚷吧,闹吧,吼吧。
你的声带和我的耳膜
都得感谢它。

可你要是轻轻发问,

---

① 一种狗食罐头的名称。

说点悄悄话也成，
我会竖起耳朵，
一个字也不会漏听。

嚷吧，嚷吧，嚷吧，嚷吧，
嚷得我们头昏眼花；
使劲嚷吧，闹吧，吼吧。
你的声带和我的耳膜
都得感谢它。

一名吵人精算不上男子汉，
尽管吵得人毛骨悚然。
一名吵人精吵得精疲力尽
因为他脑子里什么也装不进。

嚷吧，嚷吧，嚷吧，嚷吧，
嚷得我们头昏眼花；
使劲嚷吧，闹吧，吼吧。
你的声带和我的耳膜
都得感谢它。

乖比尔

乖比尔，真可笑，
整个城市都转到。
什么东西他想要？
什么东西他有了？
还有什么他缺少？

还有什么使他烦恼?
比尔吹起了口哨,
吹得耳朵受不了。
一声哨子响,
就像吹大号!
于是十个妞儿
从厨房
带着牛排味,
还有晾衣绳上的
长裤腿,
还有针头线脑
和纪念小荷包,
从小货摊
和工场
朝我们的比尔
风风火火赶来了。
比尔悄悄
拣拣挑挑
挑出一个
送回家去收藏好,
却和另外九个
一起乐陶陶。

饱和饿

早晨是牛奶麦片粥。
中午是大块大块肉。
晚上油汪汪一盘煎鸡蛋:

我们许多人一天吃三餐。

早晨只喝西北风。
中午胃像鼓一样空。
晚上梦见大烧饼：
许多人的裤带要勒紧。

一边在挨饿，一边撑个饱！
想想看，这该怎么着？

建　议

应当来
一次大扫除，
除去世上所有
把人隔开的东西：
除掉铁丝网，
地界标竿，
栏木，
城墙，
壁垒，
篱笆，
禁令，
关卡，
障碍物
以及"此地
唯我独有！"
"他人不得

入内!"
"禁止在此
寻物!"
"滚到你
该去的地方去!"
这些单句。

你的帆是黑的

你的帆是黑的,
他的是黄的,
我的是白的,外加小斑点;
所有的帆都靠风来使,
划呀划呀,我们都是上帝的孩子
再也不要躲着不露脸。

你的帆是黑的,
他的是黄的,
我的是白的,外加小斑点;
谁也不要偏移方向,
谁也不要横冲直撞,
谁也不要拦着别人来抢先。

你的帆是黑的,
他的是黄的,
我的是白的,外加小斑点;
风不计较帆的颜色,
也不管皮肤是白是黄还是黑,

让我们迎着风勇往直前。

天黑以前要说白天好！

天黑以前要说白天好！
别松套，如果你
聪明——除非傻子
当道！
有些人上床好，
可睡得糟。
许多人只吃热的，
样样煮过，
别的什么食物也不要！
一些狗见到
邮递员就咬！
情人有时出逃——
可肚子吃不饱。
谁为别人挖个坑，
知道它在哪儿，
不会往里掉。
帽子拿在手里
你头上就是
空的。脑子里
装上谚语那一条，①
远一点你就
走不了。

---

① 指劝人不要高兴太早的那一条谚语："天黑以前不要说白天好。"这首诗把"不要"改成"要"，是鼓励人勇往直前，不要畏首畏尾，顾此失彼。

鼓掌,鼓掌,鼓掌

鼓掌,鼓掌,不要
鼓成耳光打在脸上,
鼓成巴掌打在屁股上,
打在头上和脖子上。

鼓掌,鼓掌,不要
鼓得法官判案那样响;
也不要鼓得变了样,
变成风言风语,飞短流长。

鼓掌,鼓掌,要鼓就
鼓成赞赏,鼓成表扬,
鼓成勉励,这样才好
让我们天天向上!

米盖尔十岁刚满

米盖尔十岁刚满,
不得不把胶鞋穿,
走进克里蒙特先生的种植园;
没有保险金,工资少得可怜,
累得死去又活来!
明天日子会变好吗?
明天米盖尔吃得饱吗?
不不! 是是! 不不!

米盖尔二十岁在望，
胶鞋还穿在脚上。
他感觉肺部有针刺伤，
舌头常把血味尝，
累得死去又活来！
明天日子会变好吗？
明天米盖尔吃得饱吗？
不不！是是！不不！

米盖尔在世该三十岁了……
他的寡妇天天祷告，
为孩子牛马一般操劳；
明天她儿子将向克里蒙特先生报到，
直到他又累得死去又活来！
明天日子会变好吗？
明天米盖尔的儿子吃得饱吗？
不不！是是！不不！

    嘿？

七班的孩子们
为家里每个人
写了一份成绩单。
结果怎么办：
三个老师蹲了班！

黑尔讷①的厂矿医生
高兴为他的鲁尔矿工治病
用一句"一路平安!"
一声慨叹
接着远远投来一眼。

海外奇谈式服装

来吧,咱们
为自己做一套
海外奇谈式
服装,
一顶火红的
瓦尔帕莱索②的
骗人帽,
一条从
好望角
骗来的
灯笼裤,
一根用
绿得瘆人的龙皮
捏造的腰带
和一条
用那些孤岛的
像马戏团帐篷那么大的
眼泪做成的

---

① 黑尔讷为德国北莱茵-威斯特法伦州工业中心,属鲁尔工业区,有著名的鲁尔煤田。
② 智利城市名。

飘动的领巾，
那些孤岛有一天
会用我们的名字
来命名。

家庭游戏

你可知道，你可知道
一家人玩个什么好？
除了许多东西之外——
玩个建筑队倒不坏：

妈妈来把灰泥拌。
爸爸来把石头搬。
哥哥扛木架屋身。
姐姐涂个大蓝门。
爷爷盖个大屋顶。
奶奶拿折尺量个不停。
我的角色不像样：
留个屋主让我当。
可你们又在转脑筋：
换一下角色行不行？

你可知道，你可知道，
一家人玩个什么好？
除了许多东西之外——
玩个印地安部落倒不坏：

致后代

妈妈去把水牛捕，
爸爸得把饭菜煮。
姐姐把和平烟斗抽。
哥哥潜水捉鳟鱼。
爷爷雕刻图腾桩。
奶奶骑在野马上。
我的角色不像样：
留个头领让我当。
可你们又在转脑筋：
换一下角色行不行？

你可知道，你可知道，
一家人玩个什么好？
除了许多东西之外——
玩个轮船乘务组倒不坏：

妈妈来把舵轮掌。
爸爸鸣笛当个水手长。
哥哥磨刀进厨房。
姐姐帮忙把帆扬。
爷爷无风时大吹大擂。
奶奶把罗姆酒装进小窄柜。
我的角色不像样：
留个船长让我当。
可你们又在转脑筋：
换一下角色行不行？

你们可知道，你们可知道，

一家人玩个什么好?
除了许多东西之外——
玩个第一流大乐队倒不坏:

妈妈大敲定音鼓,
爸爸的喇叭嘟嘟嘟。
哥哥拿起萨克斯管。
姐姐留心听笛音颤。
奶奶忙向打击乐器走。
爷爷在把竖琴奏。
我的角色不像样:
留个大老板让我当。
可你们又在转脑筋:
换一下角色行不行?

可不是稻草人

我的衫子——它在风中吹,
一个意大利孩子穿过多少回。
我的小帽想当初
森林官戴着到处走。
扫把做的双手也曾经
扫过这里旅馆的大客厅。
我就打扮得这么俏。
我唯一的缺点就是我的笑:
它招来鸟儿一大群,
所以我可不是稻草人!

致后代

打扫是可以的

你在
教堂这里
踅摸①
什么东西?
白人
问。

我在这里
打扫房间,
黑人
说。

原来如此,
白人
说,
我还
以为
你在这里
想祷告呢。

保健院

不要害怕进病院,

---

① 踅摸,北京话"寻觅"。

好多人出来复了原,
可当初他们给送来,
惨样子叫人直发呆;
有的患了猩红热和白喉症,
有的膝盖破了肚子疼,
有的百日咳和尾骨撞伤,
有的寒热症和淋巴肿胀,
有的耳鸣和骨头松散,
有的闹腮腺炎,阑尾炎,
以上要有一样给碰到,
我们就会当病号。

不要害怕进病院
好多人出来复了原,
可当初他们给送来
惨样子叫人直发呆。
那里设有专门小儿科,
可以见到兄弟姐妹一个个。
还有一部仪器真拿手,
能够透视每人有没有
什么东西与身体合不来,
对他的健康有妨害。
然后大夫考虑怎样医治你,
护士怎样把你来护理。
所以病院不应当叫病院
应当管它称作"保健院"。

阿贝之歌

你不该打杀了阿贝,
你不该冲他喊黑鬼。

你不该朝他翻白眼,
你不该唾他的黑脸。

你不该给他涂上柏油押羽毛,
你不该用他把钱捞。

你不该鞭打他的脊梁,
你不该把他送上战场。

你不该骑在他头上,
你不该把他的尊严挫伤。

你不该不把面包给他,
你不该把他的过失夸大。

你不该拿他放高利贷,
你不该把他的名誉破坏。

你不该把他关在门外,
你不该庆幸他的垮台。

谁个被追被赶被排斥,
都可以叫阿贝这个名字。

一本书好比一个港口

一本书好比一个港口，
许多船靠拢了码头，
每天二十四小时
载来水果、银器和矿石。
船货又好又沉重，
赶快来把船卸空，
阳光不够，点起烛：
一本书好比一个港口。

不是每个

不是每个买书的
都爱读书；
不是每个戴勋章的
都很杰出；
不是每个上学的
都受好教育；
不是每个买肥皂的
都能去污；
不是每个到波恩去的
都长于政务；
不是每个有手杖的
都出门散步；
不是所有用刺刺人的
都是玫瑰；

不是每个有屁股的
都有一条裤。

奇妙的围场

你可曾这样想,
为自己建造一个围场,
里面的东西最奇妙,
站着,飞着,瞎胡闹?

我建议首先来展览
火钟和太阳芦管,
水柜和草火箭,
外加打字机甜菜甜。

角落里是新式的野兽,
我看见蓝色的猫牛,
月亮猩猩,玫瑰老鼠,
云彩虱子,老虎小猪。

还可看见和我一起
有些人无与伦比:
面包师清洁工,天堂舞客,
爱情铁匠,梦的完成者。

你会发觉,世界又广又大;
你的确有办法,
随便按照你的心愿

崭新而又意外地把它填满。

明天的儿歌

第三世界摆第三，
没有食物没有钱，
没有学校没有书——
你要不知道为什么，
那就研究一下去！

乒令乓啷，
你搞到一支枪，
明天把它拾掇好，
劈哩啪啦干一场——
看看是谁倒下了？

稀里哗啦，
饭碗挨砸，
爸爸家蹲，
冒泡啤酒喝了几瓶，
妈妈瞅着空瓢盆儿，
数着火柴棍儿。
爸爸丢了工作，
到底是谁的错？

强盗学

从天上

掉下来强盗?
呱呱叫的强盗?
我常常
思考,
强盗怎么
在
不来梅的市民乐师①中间
和别的什么地方
变成了强盗。
难道他们
有一门强盗学?
可一门强盗学
又怎么开课?
也许好些人
当了
强盗学徒,
强盗伙计,
强盗师傅,
还不知道
这个。

倒垃圾

尘埃,垃圾和灰土,
搞得我们真难受。
你我不得不惦念

---

① 格林童话里的人物,为一头驴、一条狗、一只猫、一只公鸡,共同赶走了一群强盗。

一个美好的明天。
而明天,亲爱的朋友,
无论如何要从今天开头。
所以我决不拿糖纸
去粘公园里的凳子。
可我爸爸大大咧咧惯了,
竟然跑到街头去倾倒
那满满的自动烟灰缸,
我简直不能一声不响。
只好冲他大声叫喊:
"垃圾倒在家里,门外汉!"

最难的单词

最难的单词
不是
墨西哥的
山名——
波波卡特佩特,
不是
危地马拉的
地名——
乞乞卡斯坦兰戈,
不是
亚非利加的
城名——
瓦加杜古。
最难的单词

对许许多多人来说
是：
"谢谢！"

用什么写作？

我的一个儿子
把我的打字机
搞坏了。
"现在叫我
用什么写作呢？"
我问他。他说：
"你一贯用什么
就用什么吧。"
"用手吗？"我问。
"用心，"他说，
"而且如果
可能的话，
还用一点
脑。"

和　平

"别吵架，
别拌嘴！"
英语
很简单
叫 PEACE，

法语
叫 PAIX，
俄语
叫 MIR，
土耳其语
叫 BARIS
希伯来语
叫 SHALOM，
德语
叫 FRIEDE，
或者说：
"来吧
让我们
一起玩，
一起说，
一起唱，
一起吃，
一起喝，
而且一起过，
好让我们
过下去。"

〔译后记〕 译者初次读到这些诗,是一九八二年访问联邦德国期间在作者的家里。他听说我欢喜诗,便把他七十年代出版的、附有精美插图的两本儿童诗送给了我,一本叫作《日安课本》,一本叫作《好不容易》。据说,这两本诗已被推荐为联邦德国优秀青少年读物之一,并被译成十几种外语。当时,我不忍释手地读了一遍,果然为其中的想象、机智和幽默所感动,觉得这些普遍的诗意不仅可由德语来表达,如能译成汉语,同样会为我国小读者们所赏识和喜爱。其实,这些诗的对象,不限于儿童,还包括他们的父母,那些父母的同龄人,以及为儿童服务的儿童文学家们。我很想把它们介绍给我们自己。一九八二年下半年,作者访问中国,知道我有意翻译这两本诗,便高兴地为那尚未出版的汉语译本写了一篇序。

于是,我断断续续地动手翻译起来。除个别几首与德语习惯太密切、不容易译成汉语、因而不得不放弃外,几乎全部译出来了。虽然译笔笨拙,远不及原作自然流畅,但作者对于儿童生活的亲切体验,对于儿童心理的慈爱同情,对于儿童教育的严肃思考,对于儿童审美力的广泛探讨等等,仍不难通过译文让中国读者感受到。我甚至相信,我国的儿童文学作家们不会从这里找不到一些可资借鉴的心得。然而,由于种种原因(出版业的不景气是其中之一),这本译稿一直压了好几年。今年春天,译者再次访问德国,又同作者见了面,他把那两本诗的合订新版送给我,并问起了汉语译本的情况,实在叫人不好意思对答。……

作者约瑟夫·雷丁(Josef Reding),联邦德国著名作家,北莱茵－威斯特法伦州作家协会主席,一九二九年出生于德国西部鲁尔工业区;以半工半读方式求学,先后在德国和美国大学攻读德语文学、英语文学、艺术史、儿童心理学等;在美国参加过马丁·路德·金等人领导的人权运动,在哈莱姆、新奥尔良等有色人种区生活过,并在亚非拉等地贫民区和麻疯隔离区采访三年；现为自由作家，在多特蒙德市居住。著有《别叫我黑鬼》《谁为犹太祈祷》《独自在巴比伦》《迎着暴风雨的纸船》《征服者的鼓手》《杰利在哈莱姆笑了》《鲁尔区的人们》《黄金、白霜和胡萝卜》《日安课本》等短篇小说集、报告文学集、诗集共十余种。曾获罗马(维拉·马西莫)文学奖(1961)、安奈特·封·德诺斯特－许尔斯霍夫奖(1969)、欧洲作家协会科格奖(1969)、阿恩斯伯格国际短篇小说评议会奖(1977)、德国最佳短篇小说奖(1981)等。①

绿　原
一九八九年九月九日　北京

---

① 《雷丁儿童诗选》中译本在一家出版社被压几年后又遭遇退稿，所以未能及时同我国的小读者见面，直到二〇〇三年，离作者为本书中译本写序已经过去二十年，当年应当读到本书的小读者一个个长成了大人，才由湖北少年儿童出版社的徐鲁先生热心地把它编印出来。虽然它的读者已是"下一代"的下一代，作者和译者仍然是很高兴的。

译者注于二〇〇三年元旦